D0860125

## DU MÊME AUTEUR

ROMANS, RÉCITS ET CONTES

*Contes pour buveurs attardés*, Éditions du Jour, 1966 ; BQ, 1996
*La cité dans l'œuf*, Éditions du Jour, 1969 ; BQ, 1997
*C't'à ton tour, Laura Cadieux*, Éditions du Jour, 1973 ; BQ, 1997
*Le cœur découvert*, Leméac, 1986 ; Babel, 1995
*Les vues animées*, Leméac, 1990 ; Babel, 1999
*Douze coups de théâtre*, Leméac, 1992 ; Babel, 1997
*Le cœur éclaté*, Leméac, 1993 ; Babel, 1995
*Un ange cornu avec des ailes de tôle*, Leméac/Actes Sud, 1994 ; Babel, 1996
*La nuit des princes charmants*, Leméac/Actes Sud, 1995 ; Babel, 2000
*Quarante-quatre minutes, quarante-quatre secondes*, Leméac/Actes Sud, 1997
*Hotel Bristol, New York, N.Y.*, Leméac/Actes Sud, 1999
*L'homme qui entendait siffler une bouilloire*, Leméac/Actes Sud, 2001
*Bonbons assortis*, Leméac/Actes Sud, 2002
*Le cahier noir*, Leméac/Actes Sud, 2003

CHRONIQUES DU PLATEAU-MONT-ROYAL

*La grosse femme d'à côté est enceinte*, Leméac, 1978 ; Babel, 1995
*Thérèse et Pierrette à l'école des Saints-Anges*, Leméac, 1980 ; Grasset, 1983 ; Babel, 1995
*La duchesse et le roturier*, Leméac, 1982 ; Grasset, 1984 ; BQ, 1992
*Des nouvelles d'Édouard*, Leméac, 1984 ; Babel, 1997
*Le premier quartier de la lune*, Leméac, 1989 ; Babel, 1999
*Un objet de beauté*, Leméac/Actes Sud, 1997
*Chroniques du Plateau-Mont-Royal*, Leméac/Actes Sud, coll. « Thesaurus », 2000

THÉÂTRE

*En pièces détachées*, Leméac, 1970
*Trois petits tours*, Leméac, 1971
*À toi, pour toujours, ta Marie-Lou*, Leméac, 1971
*Les belles-sœurs*, Leméac, 1972
*Demain matin, Montréal m'attend*, Leméac, 1972 ; 1995
*Hosanna suivi de La duchesse de Langeais*, Leméac, 1973 ; 1984
*Bonjour, là, bonjour*, Leméac, 1974
*Les héros de mon enfance*, Leméac, 1976
*Sainte Carmen de la Main* suivi de *Surprise ! Surprise !*, Leméac, 1976
*Damnée Manon, sacrée Sandra*, Leméac, 1977
*L'impromptu d'Outremont*, Leméac, 1980
*Les anciennes odeurs*, Leméac, 1981
*Albertine en cinq temps*, Leméac, 1984
*Le vrai monde ?*, Leméac, 1987
*Nelligan*, Leméac, 1990
*La maison suspendue*, 1990
*Le train*, Leméac, 1990
*Théâtre I*, Leméac/Actes Sud-Papiers, 1991
*Marcel poursuivi par les chiens*, Leméac, 1992
*En circuit fermé*, Leméac, 1994
*Messe solennelle pour une pleine lune d'été*, Leméac, 1996
*L'état des lieux*, Leméac, 2002
*Le passé antérieur*, Leméac, 2003
*Le cœur découvert – scénario*, Leméac, 2003
*L'impératif présent*, Leméac, 2003

# LES VUES ANIMÉES

*Nous remercions le Conseil des arts du Canada de l'aide accordée à notre programme de publication, ainsi que la SODEC pour son soutien à l'édition.*



ISBN 2-7609-2077-1

ISBN ACTES SUD 2-7427-2461-3

Illustration de couverture :
P. Habans, *34-35 mm* (détail), D.R.

MICHEL TREMBLAY

# LES VUES ANIMÉES

*récits*

BABEL

*À ma mère, à mon père,*
*pour qui les* motion pictures
*étaient toujours des* vues animées
*et pas encore tout à fait des* vues.

*La littérature de la mémoire est*
*le dernier refuge de la canaille.*

UMBERTO ECO
*Le Pendule de Foucault*

*Si j'avais su que j'aurais un jour une histoire,*
*je l'aurais choisie, j'aurais vécu avec plus de soin*
*pour la faire belle et vraie en vue de me plaire.*

MARGUERITE DURAS
*La Vie tranquille*

*Life is a tragedy for those who feel and a comedy for those who think.*

(Trouvé dans un *chinese cookie*, le jour où j'ai terminé ce livre, le 24 juillet 1990, à New York.)

*ORPHÉE*

La Mort faisait vraiment beaucoup de boucane en fumant. Elle tirait sur sa cigarette, retenait longtemps sa respiration, puis disparaissait derrière un écran blanchâtre que je trouvais du plus bel effet. Quelqu'un, un vieux monsieur à moustache, je crois, lui disait : « Aimez-vous cet homme ? » Elle tirait à nouveau sur sa cigarette, ne répondait pas. Il répétait, plus agressif : « Madame, aimez-vous cet homme ? » La Mort regardait Jean Marais. Dans les yeux. « Oui. »

J'étais au bord de l'évanouissement. J'avais bien vu la Mort venir regarder dormir Jean Marais chaque nuit avec des yeux de louve qui me glaçaient le cœur mais jamais, au grand jamais je ne me serais douté qu'elle l'aimait. C'était la Mort et la Mort ne peut pas aimer ; quand elle regarde quelqu'un avec ses yeux de louve c'est pour le tuer ! D'ailleurs Jean Marais avait l'air aussi abasourdi que je l'étais moi-même. Je savais que lui aimait la Mort, il venait de le dire à François Périer et je lui en voulais parce que je trouvais sa femme plus aimable, plus avenante, plus jolie, même si elle était un peu gourde. Mais qu'elle, cette espèce de revenante en robe noire, avec ses gars de bicycle qui écrasaient les poètes et cette façon qu'elle avait de ressusciter le monde en les faisant passer à travers les miroirs après avoir enfilé des gants pour laver la vaisselle, elle ose dire ce petit « oui » presque pudique me choquait.

Ma mère se mouchait. Quand une femme disait à Jean Marais qu'elle l'aimait, ma mère se mouchait tout le temps. Elle avait même franchement sangloté lorsque Edwige Feuillère s'était traînée à ses pieds à la fin de *L'aigle à deux têtes*. Mais la Mort ! Franchement !

Je savais que j'avais devant moi une actrice, bien sûr. J'étais assez vieux pour comprendre ce qu'était le cinéma, j'avais douze ans, mais c'était la première fois que je voyais Maria Casarès ; je n'aimais pas sa tête et j'avais décidé de jouer les naïfs. Je faisais celui qui croit ce qu'il voit et je haïssais profondément cette Mort qui allait tout faire, je le sentais, pour ravir Jean Marais à sa pauvre femme enceinte. J'imaginais la suite (j'avais déjà tendance à anticiper la fin des films) : Jean Marais suivait la Mort dans son pays dévasté où de vieilles femmes poussaient des carrosses vides et de jeunes hommes tournoyaient dans la rue en criant : « Vitrier ! Vitrier ! », Euridyce restait seule, non, pas tout à fait puisque François Périer l'aimait ; en tout cas ça finirait mal comme tous les films français, je serais frustré de ne pas avoir vraiment compris le message et j'allais encore une fois avoir toute la misère du monde à m'endormir.

Le vieux monsieur à moustache était en train de trouver la Mort coupable de je ne sais trop quel crime et j'étais bien content. Tant pis pour elle.

« Vous aimez ça, c'te genre de vue-là, vous autres ? »

C'était monsieur Migneault, notre chambreur, qui venait de se glisser à la table de la salle à manger pour regarder un bout de télévision avec nous, comme il le faisait trop souvent. Son parfum bon marché contre lequel toute la famille pestait depuis des mois m'agressait et j'eus presque la nausée. Nous nous regardâmes, ma mère et moi, découragés. Nous avions réussi à convaincre mes deux frères et mon père de nous laisser savourer en paix notre film français et voilà que monsieur Migneault qui avait de la misère à comprendre la trame de *14, rue de Calais*, voulait s'imposer sans même nous demander notre avis.

« C'est qui, elle ? A' ben l'air bête ! A'l' a pas de lèvres ? A'l' a été obligée de s'en peinturer ! »

Même si j'étais plutôt d'accord avec lui, je lançai un grand soupir d'exaspération en direction de ma mère. Qui prit la situation en main.

« Monsieur Migneault, ça fait plus qu'une heure que la vue est commencée, commencez pas à nous poser des questions... On vous résumera pas c'qui s'est passé, on a de la misère à comprendre nous autres mêmes !

— Vous regardez quequ'chose que vous comprenez pas ?

— Peut-être qu'on va comprendre à la fin...

— Pis si vous comprenez pas, que c'est que vous allez faire ?

— Laissez faire, monsieur Migneault, si on comprend pas, on se trouvera niaiseux, c'est toute, mais là vous nous en faites perdre un boute important pis on va comprendre encore moins !

— Y parlent même pas, là.

— J'vous ai déjà expliqué que quand y parlent pas, à la télévision, faut continuer à regarder pareil en se taisant... C'est pas parce qu'y parlent pas que ça veut rien dire.

— C'est plate en maudit...

— Ben si c'est plate en maudit, retournez donc dans votre chambre ! »

Il croisa ses doigts, piteux comme un enfant qui vient de se faire surprendre le nez dans un gâteau qu'on gardait pour la visite.

« M'as me taire, d'abord. »

J'avais espéré qu'il s'en aille. Ma mère me regarda d'un air impuissant. Ça sentait de plus en plus fort dans la salle à manger et elle commença à s'éventer, ostensiblement. Mais faire comprendre quelque chose à monsieur Migneault sans lui faire un dessin des plus détaillés était une chose impossible.

Nous reportâmes notre attention sur le film. Et là, plus moyen de comprendre quoi que ce soit.

François Périer et le poète qui avait été le premier à se faire tuer au début du film étaient tout simplement en train d'étrangler Jean Marais, alors qu'ils avaient été plutôt amis avec lui depuis le début du film, pendant que la Mort lançait des « Allez-y ! Plus fort ! Plus fort ! Travaillez ! » en roulant des grands yeux blancs. Je commençais à trouver qu'elle exagérait beaucoup. Qu'ils exagéraient tous beaucoup.

« A'l' l'aime-tu ou ben si a'l' l'aime pas ! »

Monsieur Migneault toussota dans son poing.

« C'est bien niaiseux, c't'affaire-là. »

Ma mère donna une grande tape sur la table, du plat de la main.

« R'tournez dans votre chambre ou ben donc allez r'trouver mon mari à'taverne, monsieur Migneault, mais disparaissez ! Tu-suite ! On va manquer la fin de la vue animée, à cause de vous ! »

Il sortit de la pièce courbé comme un vieillard, en murmurant : « En tout cas, ça se peut pas que vous aimiez ça ! »

Ma mère se frottait la paume de la main gauche.

« J'ai dû me pèter des veines certain ! »

C'était la fin. Poussés par les deux gars de bicycle, la Mort et François Périer s'éloignaient, disparaissaient dans une source de lumière où flottait une grande quantité de boucane qui n'était pas sans rappeler celle que faisait la Mort en fumant. C'était un plan très long, très lent. On les voyait de dos, les gars de bicycle les tenaient par l'épaule, la musique de Glück, que je découvrais avec ravissement, tournoyait autour d'eux, cette céleste flûte, cette sublime description des Champs-Élysées, les vrais, qui allait longtemps demeurer au palmarès de mes musiques favorites, les enveloppait, comme la boucane. Ils devenaient tout petits, insignifiants. La Mort banalisée parce qu'elle avait une peine d'amour !

Alors quelque chose que je ne comprenais pas se produisit. D'un seul coup mon cœur monta dans ma gorge, j'eus l'impression que j'allais tomber par en avant, un frisson me plia en deux : pour la première fois de ma vie je ressentis cette boule d'émotion, incontrôlable et souvent surprenante parce qu'inattendue, que je retrouverais désormais si souvent au cinéma et au théâtre, ce moment où s'écroule toute résistance et où l'on se rend pieds et poings liés à une œuvre, à une partie d'une œuvre, à une seule image ou une réplique bien dite, un geste qui frôle la grandeur ou un effet d'éclairage qui s'imprime dans la mémoire pour toujours, cet instant privilégié souvent si court pour lequel le dévoreur de culture donnerait une partie de son âme. Je ne savais pas comment se nommait ce qui se passait en moi, mais je savais déjà que je ferais tout pour que ça se reproduise tellement c'était à la fois bon et inquiétant, bon au point de ne pas vouloir que ça finisse et inquiétant parce que j'étais convaincu que je pouvais en mourir. La Mort, encore elle.

J'avais dû blêmir, ma mère se leva de sa chaise berçante, s'approcha de moi, posa sur mon bras sa main séchée par des dizaines d'années de lavage de vaisselle et où couraient des veines bleues qu'on avait envie d'embrasser.

« Des fois, c'est pas grave qu'on comprenne pas, hein ? »

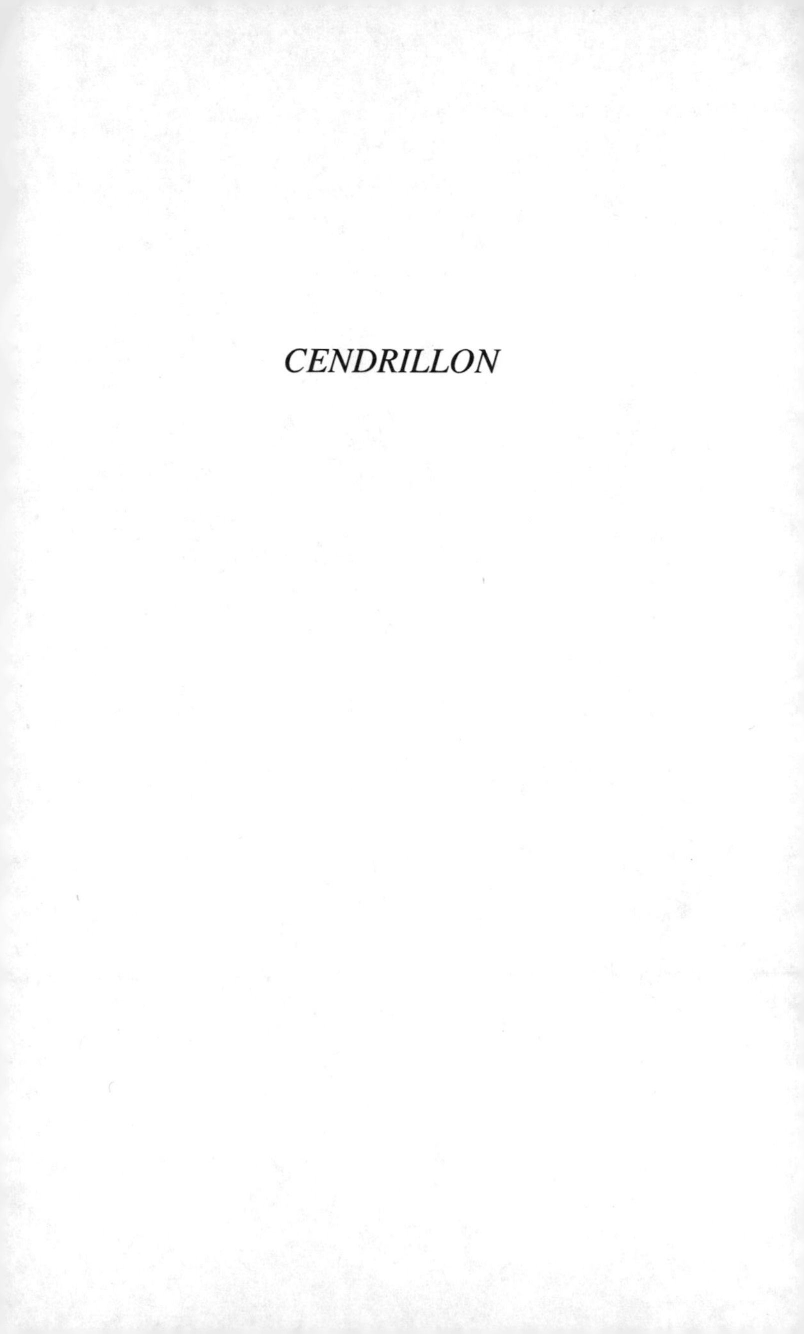

*CENDRILLON*

Sur l'écran, le nom de Walt Disney s'étale en fioritures enrubannées, rose sur fond bleu. Tous les personnages secondaires du film sont groupés autour de l'héroïne qui n'a pas revêtu sa robe de bal mais celle, déchirée du bas, dans laquelle elle est chaque jour humiliée par sa méchante belle-mère et ses encore plus méchantes belles-sœurs. Elle sourit cependant, comme pour un portrait de famille. Et c'est bien sa famille, la vraie, celle du cœur, qui se presse autour d'elle : les deux souris, Jack et Gus, avec leurs petits chandails et leurs microscopiques tuques tricotés par elle, le premier cadeau qu'elle leur fait quand elle les prend au piège pour leur bien, pour les éduquer, pour en faire ses amies ; les autres souris, celles qui n'ont pas de nom mais qui sont quand même très présentes dans la vie de l'héroïne ; le chien avec sa bouille de bonasse satisfait, les oreilles pendantes, le sourire pendant (tout en lui s'écoule vers le bas, il est conique, c'est un chien conique !) ; le petit peuple des oiseaux, tous bleus, les ailes bien ouvertes même s'ils ne volent pas, pour me saluer, on dirait, en chantant, en sifflant plutôt, parce que dans ce film-là les oiseaux sifflent. Uniquement des animaux pour la bonne raison que les humains sont trop cruels avec elle. Il y a bien sa marraine, la fée, avec sa baguette magique au bout de laquelle étincelle une étoile, mais peut-on dire qu'une fée soit humaine même si elle emprunte la forme d'une bonne femme grassouillette et enjouée ?

La musique va commencer, je sais que la musique va commencer. Laquelle des six ou sept chansons du film entend-on pendant le générique, déjà ? « So This is Love », que chante l'héroïne pendant le bal, dans les bras du prince déjà pâmé d'amour ? Oui, probablement. C'est la plus douce, la plus langoureuse, celle qu'il faut mettre tout de suite au générique pour que les spectateurs la reconnaissent quand elle arrive ou quand, comme moi, on voit le film pour la quatrième fois dans la même journée. Mais la musique ne commence pas. L'image reste figée, bloquée, on dirait, par une main malveillante, la main de quelqu'un qui ne veut pas que le film commence ou que *moi* je voie le film. Le nom de Walt Disney reste là, insistant, omniprésent, mais le reste ne vient pas.

Un soubresaut. Tous les nerfs de mon corps qui se relâchent en même temps. J'ai l'impression que je manque la première marche d'un escalier. Et j'ouvre les yeux.

Je suis couché sur le sofa du salon double qui me sert de lit. Dans la pièce à côté, un de mes frères ronfle. J'ai vu *Cendrillon* trois fois dans la journée, j'en suis encore ravi et bouleversé, et dans mon sommeil naissant j'avais commandé à mon cerveau de me le projeter encore une fois. Ça n'a pas marché.

J'essaie de fredonner « So This is Love ». C'est comme ça, oui, je l'ai, là ; c'est ça, l'air, je m'en souviens...

* * *

Je m'étais réveillé tôt, la veille. Je m'étais aussitôt rappelé que c'était une journée importante, une journée que j'attendais avec beaucoup d'excitation mais, l'esprit embrumé peut-être par un sommeil trop agité, j'avais mis quelques secondes avant de trouver pourquoi : on était samedi, c'était le début des vacances et j'allais voir *Cinderella* de Walt Disney, à l'autre bout de Montréal ! J'avais lancé un retentissant « youppi » en me levant et j'avais reçu un oreiller sur la tête parce qu'il était seulement sept heures moins quart.

* * *

J'avais vu l'annonce dans *La Presse* une semaine plus tôt avec la mention « spectacle pour toute la famille » qui, au dire de ma mère, me faisait faire la danse de Saint-Guy chaque fois qu'elle paraissait dans un journal. *Blanche-Neige, Pinocchio, Dumbo, Bambi* étaient sortis avant ma naissance ou quand j'étais trop jeune pour aller au cinéma, j'en avais donc juste entendu parler par mes frères et mes cousines, mais cette fois j'étais assez vieux pour consulter le journal moi-même, j'étais à l'affût des spectacles pour toute la famille et personne ne pourrait m'empêcher d'aller voir *Cendrillon*, même en anglais.

Ma mère avait demandé :

« Ça joue où ? »

J'étais retourné en courant vers le journal.

« Au théâtre Outremont !

— C't'à l'autre bout du monde ! J'sais même pas oùsque c'est ! »

J'avais supplié, promis des montagnes de gentillesses, un été sans mauvais coups, des années de commissions sans rechigner et, avec un sourire en coin, elle avait fini par me dire de ne pas trop exagérer, qu'une seule promesse suffisait. Et elle avait choisi l'été sans mauvais coups. Ce qui d'ailleurs serait extrêmement difficile, vu que toute ma gang, les Jodoin, les Beausoleil, les Rouleau, les Guérin, restait en ville et que de ne pas faire de mauvais coups en gang était une chose à peu près impossible pour des enfants entre huit et dix ans. Je m'arrangerais donc pour laisser les autres se mettre dans le trouble en jurant ensuite à ma mère que ce n'était pas de ma faute à moi, que c'étaient les autres qui avaient tout fait...

Énervé, j'avais couru chez Ginette et Louise Rouleau leur dire : vous savez pas ce qui arrive, chus assez excité, imaginez-vous donc qu'y'a un nouveau Walt Disney qui sort, c'est *Cendrillon* en anglais mais j'vas comprendre pareil, c'est au théâtre Outremont pis ma mère m'emmène ! Et, dans un grand élan de générosité, j'avais dit à madame Rouleau que ma mère lui demandait si on pouvait emmener Ginette et Louise avec nous. Étonnamment, elle avait tout de suite dit oui et j'étais retourné à la maison dire à ma mère que madame Rouleau lui demandait si on pouvait emmener Ginette et Louise avec nous au cinéma.

Heureusement, elles ne s'étaient pas consultées et mon pieux mensonge était passé inaperçu.

Mes deux frères avaient un peu ri de moi parce que, prétendaient-ils, les cartoons c'est pour les bébés ; ma cousine Hélène les avait bouchés en leur disant qu'ils étaient toujours ceux qui riaient le plus fort pendant le cartoon, au Passe-Temps. Ce à quoi mon frère Bernard lui avait répondu qu'elle ne pouvait jamais rire, elle, pendant le cartoon, parce qu'elle était toujours trop occupée à frencher n'importe qui. Ma tante Robertine, la mère d'Hélène, avait donné à mon frère une claque derrière la tête, ce dernier s'était mis à hurler, ma mère s'en était mêlée, les deux belles-sœurs s'étaient chicanées et la menace de ne pas voir *Cendrillon* avait pesé sur moi toute la soirée parce que c'était indirectement à cause de moi que tout ça était arrivé.

Ce soir-là ma mère avait encore fait à mon père une de ses violentes sorties contre la promiscuité qui se terminaient toujours par : quand est-ce qu'on va avoir notre appartement à nous autres tu-seuls, chus pus capable de les endurer, j'veux ben croire que c'est ta sœur mais si ça continue comme ça j'vas en assassiner un pis tu vas être obligé de venir me porter des oranges en prison pour le reste de tes jours...

Je m'étais fait le plus petit possible ; comme d'habitude, j'avais attendu que la vague passe avant de reparler de *Cendrillon*.

* * *

« Trois tramways ! Vous allez prendre trois tramways pour aller aux vues ! Vous êtes folle !

— Chus quand même pas pour prendre un taxi, ça va coûter une fortune ! Pis j'ai promis aux enfants, j'peux pas revenir sur ma promesse juste parce que c'est trop loin !

— Ça joue pas ailleurs, j'sais pas, moé, dans l'ouest, au Loew's, au Capitol...

— Ben non, ça joue juste là. Ça arait été trop simple de le passer oùsqu'on arait été capable de le trouver ! »

Ma mère avait le chapeau sur la tête et me tenait déjà vigoureusement par la main. Nous étions sur le balcon avec ma tante Robertine et nous attendions que mes deux amies sortent de leur maison pour descendre vers le trottoir. Ma tante Robertine sirotait son deuxième coke de la journée. Il était onze heures du matin.

C'était une journée d'une infinie douceur. Il ne faisait pas trop chaud, l'humidité de juillet était encore loin, ça sentait la Saint-Jean-Baptiste et le restant de café froid, on avait envie de pencher la tête par en arrière et de boire l'air en se disant : c'est l'été, c'est les vacances qui viennent juste de commencer, *Cendrillon* joue au théâtre Outremont, c'est le bonheur, c'est ça le bonheur, c'est pas autre chose.

« Es-tu déjà allée là, à Outremont, toé, Bartine ?

— Êtes-vous folle, vous ? J'sais même pas si ça existe pour vrai ! » Un dernier bruit de succion, un dernier rapport mal dissimulé derrière une main vaguement pliée en forme de poing et elle déposa sa bouteille vide à côté de sa chaise.

Lâchant ma main, ma mère se mit à enfiler ses gants de fil blanc qui allaient laisser des marques rouges sur ma paume et le côté extérieur de mon index, comme d'habitude. Mes mains resteraient engourdies et fripées pendant de longues minutes... Ma mère insistait toujours pour me tenir par la main quand nous sortions ; ça m'humiliait et, en plus, ça me marquait !

« Ça m'énarve assez ! Faut-tu marcher sur la pointe des pieds sur ces trottoirs-là, coudonc ? »

Elle rit d'énervement. Ma tante donna un bon élan à sa chaise qui se mit à bercer un peu trop fort. Le dossier cogna contre la brique ; elle sacra.

« En tout cas, y paraît qu'y faut parler bilingue dans ce bout-là. Encore plus que dans le bas de la ville. »

Pour elles, Outremont était une terre inconnue, un pays défendu où les riches se promenaient toute la journée en se saluant et en se demandant des nouvelles de leurs enfants qui étudiaient en Europe pour devenir des avocats comme leurs pères ; pour moi, c'était un mot nouveau que je trouvais très beau, très musical, que je savourais en le répétant à l'infini dans ma tête. En l'entendant, je l'avais tout de suite coupé en deux et je m'étais dit, tiens, y'a quequ'chose de l'autre côté de la montagne... Je voyais tous les jours la montagne au bout de la rue Mont-Royal, comme un mur qui clôturait le monde, une fin naturelle à ce qu'il m'était permis de connaître et voilà que j'apprenais que quelque chose, un quartier, une ville, continuait Montréal au-delà de ce que je croyais être la fin du monde.

Quand j'avais demandé à ma mère c'est quoi, ça, exactement, Outremont, elle m'avait répondu : « C'est une place oùsque le monde comme nous autres font le ménage. » Et la barrière naturelle s'était relevée toute seule.

Ginette et Louise sortirent sur leur balcon qui était voisin du nôtre. Ma mère me reprit aussitôt par la main et me tira vers l'escalier.

« Bon, allons-y. À la grâce de Dieu. »

Ma tante Robertine s'était croisé les bras comme lorsqu'elle se fermait à toute discussion ou qu'elle voulait dissimuler ses sentiments.

« Avez-vous tout c'qu'y vous faut, là, votre sacoche, votre argent ? »

Elle était inquiète de nous voir partir pour si loin mais elle faisait celle qui, froide et rationnelle, ne se concentre que sur les détails pratiques en laissant de côté les inutiles et encombrantes émotions.

Ma mère s'arrêta au beau milieu de l'escalier. Sa sacoche paille et plastique bleu ciel pendait à son bras.

« Fais-moé pas peur de même, Bartine, chus pas encore partie ! »

Ginette et Louise nous attendaient au pied de l'escalier, excitées comme des puces dans leur robe du dimanche bien repassée et craquante d'empois. Leur mère était sortie sur le balcon à son tour. Elle nous envoyait la main.

« Vous savez oùsque vous allez, au moins, madame Tremblay ? »

Ma mère hésita quelques secondes. Dire la vérité et risquer de voir deux fillettes hurler de peine parce que leur mère les rappellerait à elle plutôt que de les laisser partir à l'aventure avec une voisine folle, ou prendre la responsabilité de conter un mensonge pieux en espérant que sa belle-sœur n'ouvrirait pas sa grande trappe...

Je pris l'initiative du mensonge et ma mère m'en sut gré, je le sentis.

J'arborai mon sourire le plus convaincu.

« Ma mère connaît Montréal comme le fond de sa poche ! »

Madame Rouleau croisa les bras, un peu comme ma tante Robertine.

« Ouan, justement, c'est pas à Montréal oùsque vous allez ! »

* * *

Pas de problème sur la rue Mont-Royal, le tramway numéro 7 était pour ma mère une sorte de résidence secondaire ; elle connaissait tous les conducteurs, certains même par leur nom, et s'installait d'office sur le premier banc de paille tressée en leur demandant des nouvelles de leur femme et de leurs enfants. Ils lui répondaient en souriant, étaient polis avec elle et la saluaient avec beaucoup de chaleur lorsqu'elle descendait, habituellement sur la rue Saint-Laurent où elle visitait régulièrement les dry goods, laissant derrière elle les vendeurs épuisés, les magasins dévastés après avoir dépensé un gros cinquante cents.

J'étais assis entre Ginette et Louise et nous parlions de *Cendrillon*. Ginette, neuf ans et déjà l'intellectuelle de notre bande d'enfants, se demandait quelle version du conte Walt Disney avait utilisée : elle en avait lu cinq ou six différentes qui ne s'entendaient pas sur la fin de l'histoire : Cendrillon punissait ses demi-sœurs, ou bien en faisait ses servantes, ou bien leur pardonnait, et même, parfois, on ne disait pas du tout ce qu'elles étaient devenues...

Moi, je me foutais éperdument de la fin du film que nous allions voir ; ce qui m'intéressait, c'étaient les personnages secondaires qu'on apercevait sur l'annonce dans le journal : les souris, les oiseaux, le chat, le chien, la fée, pas Cendrillon, ni son prince, ni sa belle-mère ou ses belles-sœurs...

Les humains m'ennuyaient profondément dans les dessins animés ; j'aimais la folie des animaux à peine reconnaissables et délicieusement caricaturés, leurs voix toujours drôles, leurs aventures invraisemblables, leurs gestes saccadés, leurs corps élastiques. Tout pouvait leur arriver, des fers à repasser en plein visage, une tonne de briques sur la tête, un piano, une enclume, on était toujours sûr de les retrouver intacts à la séquence suivante et prêts à affronter les situations les plus abracadabrantes avec la même naïveté aveugle, alors que les personnages humains, eux, restaient désespérément les mêmes, un peu figés, pas assez réalistes pour qu'on s'attache à eux mais avec tous les membres au bon endroit pour respecter les proportions et la vraisemblance. L'ennui, quoi. Je n'allais surtout pas voir un dessin animé pour la vraisemblance !

Mes amies, elles, rêvaient déjà au Prince (elles disaient Prince Charmant en prononçant presque les lettres majuscules, comme si c'était son nom) ; Ginette le voulait blond et affable et probablement cultivé ; Louise, plutôt foncé mais pas franchement noir et, surtout, beau et aventurier comme les acteurs d'Hollywood. Et elles discutaient ferme de la couleur de la robe de bal : blanc, ça faisait trop robe de mariée, en couleur c'était pas assez chic, alors quoi ? Quand même pas noir ! Pour m'immiscer dans leur conversation, je leur suggérai le vert parce que c'était ma couleur favorite mais elles se poussèrent du coude en pouffant et me répétèrent peut-être pour la deux centième fois que les garçons n'ont vraiment pas de goût. Je demandai alors à Louise ce qu'elle faisait avec un ruban vert dans les cheveux et elle me répondit qu'un ruban n'est pas une robe et que de toute façon il n'était pas vert mais tirant sur le vert. Il était vert, je le proclamai très haut et ma mère dut intervenir avant que la chicane pogne.

* * *

Un peu passé Saint-Denis, ma mère pencha la tête vers l'extérieur.

« Ça se couvre. Dites-moé pas qu'y va mouiller, chus juste en petite robe de maison ! »

Le conducteur, monsieur Gariépy, un homme dans la cinquantaine qu'elle trouvait donc fin, se pencha par en avant pour mieux voir le ciel.

« En tout cas, y'ont annoncé des orages !

— Voyons donc ! J'arais dû écouter le radio, à matin, aussi... Hé, Seigneur, j'espère qu'on va arriver avant que ça commence... »

Évidemment, la pluie se mit à tomber aussitôt que nous descendîmes au coin de l'avenue du Parc, une belle pluie généreuse et abondante qui ne durerait pas mais qui ferait des ravages. Comme un tramway approchait en direction de la rue Bernard, ma mère se jeta dans le trafic en faisant de grands gestes désespérés. Des bruits de klaxons, des tintements de sonnettes montèrent dans l'orage naissant et nous courûmes tous les quatre vers le tramway qui partit sans nous attendre.

Ma mère hurla des choses que je ne lui avais jamais entendu dire et se mit à battre des bras pour arrêter une voiture, un taxi, n'importe quoi qui montait vers le nord de la ville et accepterait de nous prendre à son bord. Nous étions déjà trempés lorsqu'un taxi daigna s'arrêter, non sans nous avoir copieusement arrosés. Ma mère monta devant et nous derrière.

« Que c'est qu'on fait, les enfants, on retourne-tu chez nous pis on reviendra demain quand y fera plus beau ? »

Cris, hurlements, protestations.

« On peut pas aller aux vues de même, on va attraper notre coup de mort ! »

Protestations, hurlements, cris. Et ma mère qui plie en soupirant et en s'essuyant le cou avec son mouchoir déjà inutilisable.

Elle s'adressa au chauffeur de taxi pour la première fois.

« On s'en va au théâtre Outremont, monsieur, vite. »

Le chauffeur hésita quelques secondes.

« Où ? »

Ma mère figea au milieu de son geste.

« Ben, c'est pas moé le chauffeur, là... Vous savez pas oùsqu'est le théâtre Outremont ?

— Chus pas obligé de savoir où sont les bâtiments, madame, juste les rues !

— Vous êtes donc ben bête, vous ! Demandez-moé-lé poliment pis j'vas vous la dire, la rue !

— Sur quelle rue vous allez, madame ?

— C'est pas ben ben poli, mais j'vas vous répondre pareil. C'est sur la rue Barnard ! Au coin de Chapdelaine, ou ben donc Champagneur, ou ben donc Champagne, en tout cas quequ'chose de même...

— Ben, faudrait le savoir... C'est-tu Champagneur, Champagne ou ben donc Chapdelaine ?

— Ben, emmenez-nous au coin de Barnard pis Champagne, Champagneur ou ben Chapdelaine pis ça va être là, c'est toute ! Y me semblait que vous étiez supposé de savoir vos rues ! Y'a-tu un coin de Barnard pis Chapdelaine ?

— Non.

— Ben Barnard pis Champagne, d'abord...

— Non.

— Ben Barnard pis Champagneur.

— Oui.

— Ben c'est là, épais ! Pis arrêtez de me faire pardre mon temps ! Riez-vous de moé, coudonc ? Déjà que chus toute mouillée pis que j'm'en vas voir des verrats de cartoons, jouez pas avec mes nerfs par-dessus le marché !

— Si vous êtes pas contente, vous pouvez toujours descendre, vous savez !

— Non, chus pas contente, pis j'descendrai pas dans la pluie, certain ! Partez, là, la lumière est verte, pis emmenez-nous voir *Cinderella* ! J'ai hâte, d'abord ! J'vas attraper mon coup de mort en regardant des Mickey Mouse faire des samarcettes pis des simagrées, j'vous dis que chus excitée vrai ! »

Elle fit semblant de tousser et je me renfonçai dans la peluche gris souris qui me piquait un peu les omoplates. J'aurais préféré rentrer à la maison plutôt que de la voir jouer les grandes malades comme elle le faisait quand elle était à bout d'arguments. Et si elle allait tousser pendant *toute* la projection du film pour me culpabiliser, pour nous culpabiliser tous les trois ?

Louise éternua et j'entendis sa sœur lui murmurer : arrête d'éternuer, madame Tremblay va penser que t'es malade pis on va être obligées de rentrer chez nous... Effectivement, ma mère s'était tournée vers elle avec une lueur d'espoir au fond des yeux.

« As-tu attrapé un rhume, ma p'tite punaise ? »

Ginette pensa vite.

« Ben voyons donc, a' fait ça juste pour se rendre intéressante ! »

* * *

Ma mère sortit un cinq dollars tout neuf de sa sacoche.

« Un enfant pis trois adultes, s'il vous plaît ! »

Puis elle se tapa sur le front.

« Hé, que chus bête. Excusez-moi, mais on a eu tellement de misère à se rendre jusqu'ici... Imaginez-vous donc... »

La caissière se pencha un peu vers la vitre qui la séparait de ma mère.

« I don’t speak French. An adult and three children ? »

Ma mère la regarda droit dans les yeux.

« What does it look like ? Three adults and a child ? Vous êtes ben insignifiante, vous ! »

* * *

Une dame visiblement méchante, avec d’immenses yeux verts et un sourire cruel qui vous paralysait sur place, disait à Cendrillon de s’approcher d’elle. La jeune fille se dirigeait vers le coin sombre où on pouvait deviner un impressionnant lit à baldaquin, l’ombre de la croisée des fenêtres glissait sur elle. La scène était mystérieuse et menaçante. Quelque chose de pas beau existait entre ces deux femmes, on pouvait le sentir. Une rivalité ou une jalousie. Les yeux de la plus vieille étaient trop intenses et les gestes de la plus jeune trop humbles, trop soumis... Si elle avait été un peu plus agressive, la jeune fille aurait pu sauter au visage de la dame dans le lit à baldaquin et elle aurait eu tout à fait raison. Nous en aurions même été ravis. Mais quelque chose l’en empêchait, peut-être un trop-plein de bonté qui en faisait une victime facile, et elle gardait la tête basse.

Nous n’étions pas encore à nos places et j’étais déjà absorbé par l’action, le dessin, les couleurs, le mouvement si naturel des bras de la méchante femme qui caressaient un magnifique chat noir et blanc que je soupçonnais être le personnage détestable des animaux qui entouraient Cendrillon parce que ses yeux n'étaient pas francs et son sourire franchement hypocrite. Je ne comprenais pas ce qu'elles disaient mais je devinais que la méchante femme donnait des ordres désagréables à la jeune fille. Cendrillon, humiliée, baissait la tête, acquiesçait ; le chat semblait ravi.

Incapables de voir à deux pas devant nous tant la salle était sombre, nous nous tenions tous les quatre dans l'allée centrale du cinéma en attendant que nos yeux s'habituent à la noirceur. Ça sentait déjà le pop corn, un enfant pleurait, ma mère marmonnait.

« Y'ont pas de placières, ici ? Ça a pas de bon sens, on va-tu rester plantés deboutes pendant toute la vue ? Tant qu'à sécher, j'veux sécher assis, pas deboute ! »

Quelqu'un fit « shhht » tout près de nous, si près que ma mère sursauta.

« Mon Dieu, j'étais quasiment assis sus quelqu'un pis je l'savais pas ! »

Une toute petite femme arriva en trottinant, une lampe de poche au bout du bras et s'excusa en anglais. Ma mère nous poussa tous les trois, un peu trop rudement d'ailleurs, parce que Louise faillit s'étaler de tout son long dans l'allée.

« Envoyez, allez-y, dépêchez-vous avant qu'a' décide qu'a'l'a pus le goût de s'occuper de nous autres... »

Nous avons dérangé une famille complète d'Anglais, père, mère, enfants, qui se levèrent de mauvaise grâce pour nous laisser passer. Ma mère disait : excuse me, excuse me, tellement fort que d'autres « shhht » s'élevèrent dans le cinéma. Aussitôt assise, elle commença à fatiguer. Elle bougeait, tirait sur sa robe, s'éventait.

Sur l'écran, Cendrillon lavait un plancher en chantant. Des bulles de savon montaient dans la pièce, son image était multipliée, douze, cinquante, cent Cendrillon frottaient le plancher en fredonnant « Sing Sweet Nightingale », toutes pareilles dans le dessin, mais colorées dans des teintes différentes, parfois criardes, parfois subtiles, sur un fond noir. Tout était rond, doux, même les mouvements : les bulles passaient devant nos yeux en rondeur, en douceur, au fur et à mesure que Cendrillon plongeait les mains dans un seau en bois cerclé de fer, son image arrondie par la convexité des sphères de savon. J'étais pâmé. La chanson était belle, les images magnifiques, j'étais assis entre ma mère et mes deux meilleures amies, j'aurais regardé cette séquence pendant des heures, les bulles qui se multipliaient, Cendrillon qui semblait heureuse malgré l'humilité de sa tâche, la beauté de la musique... Puis, soudain, toutes les bulles éclataient en même temps : le gros chat, Lucifer le bien nommé, avait fait exprès de laisser des traces de pas partout sur le plancher, dans l'escalier, et Cendrillon serait obligée de tout recommencer. Il s'éloignait en nous montrant son gros derrière, jetait un regard satisfait derrière lui comme pour nous narguer tous. Des protestations d'enfants s'élevèrent un peu partout dans la salle. Pour ma part, j'aimais déjà haïr ce chat-là. Et je lui souhaitais les pires tortures qu'un chat puisse connaître. Peut-être un bain ? Cendrillon devrait lui donner un bain !

Ma mère se pencha vers moi.

« Écoute, ça a pas de bon sens, j'ai la robe collée partout. J'vas essayer d'aller me sécher dans les toilettes, y'ont peut-être des serviettes en papier, quequ'chose... Si je sèche dans ma robe comme ça, j'vas attraper les rhumatismes pis j'vas venir les doigts tout croches... Attendez-moi, là, grouillez pas ! »

Comme si on avait eu l'intention de bouger de là ! Un cataclysme n'y aurait pas suffi !

Elle repassa devant la famille d'Anglais. Le père lui dit quelque chose tout bas ; elle lui répondit sur le même ton. Et je me dis : ça y'est, quand a' va revenir y vont se battre !

* * *

De l'heure qui suivit, il me reste une sensation d'étouffement de bonheur. J'ai ri, j'ai pleuré, j'ai eu peur ; je me suis insurgé contre l'injustice représentée par les trois autres personnages féminins du film et le maudit chat Lucifer et j'ai sauté de joie au triomphe de la raison : une pantoufle de verre assez menue pour épouser parfaitement le petit pied de Cendrillon ; j'ai dansé dans les jardins du palais au rythme de « So This Is Love » ; j'ai aidé Gus à monter dans un dédale d'interminables escaliers la clé qui ouvrait la chambre de Cendrillon où celle-ci avait été enfermée par sa belle-mère qui, ayant reconnu en elle la mystérieuse beauté de la veille, ne voulait pas qu'elle descende au salon essayer la fameuse pantoufle de verre ; j'ai puni le chat Lucifer pour tous les problèmes qu'il avait posés (dans le personnage du chien, je l'ai poussé au bas de la tour où habitait Cendrillon et je l'ai regardé tomber en jappant de joie) ; j'ai cousu avec les souris la robe de bal bleue et rose que les horribles belles-sœurs allaient ensuite déchirer en prétendant qu'elle était fabriquée de tissus qui leur appartenaient à elles ; j'ai frémi quand elles lui ont arraché le collier de perles vertes qu'elles avaient pourtant jeté aux poubelles plus tôt ; j'ai chanté « Bibbidi, bobbidi, boo » en dessinant des arabesques dans le ciel avec ma baguette magique pendant que la citrouille se transformait en un magnifique carrosse gris et Gus et Jack en drôles de valets de pied ; j'ai lancé des grains de riz au mariage des deux héros toujours en compagnie de Jack et Gus, mes deux personnages favoris ; je n'étais plus moi-même, un enfant de neuf ans imaginatif et rêveur, je faisais corps avec ce que je voyais, j'évoluais dans le film avec les souris, les oiseaux, le chien, la fée ; j'étais la baguette magique et la citrouille, j'étais le prince et Cendrillon, je sonnais minuit, j'étais l'horloge qui sonnait minuit, la pantoufle de verre qui refusait le pied des belles-sœurs, j'étais le film de Walt Disney et je n'en sortirais jamais plus.

Ma mère est sûrement revenue à un moment donné, elle s'est peut-être même engueulée avec nos voisins, elle a dû me demander si le film était bon, mais je n'en ai pas eu conscience. Nous n'avons pas non plus parlé, Ginette, Louise et moi, sidérés que nous étions, envoûtés, éperdus de joie ou fous de peur selon les séquences qui se déroulaient devant nos yeux.

Lorsque les deux jeunes mariés s'éloignèrent en carrosse au milieu d'un baiser et que « The End » parut sur l'écran, j'étais épuisé. Dire que j'aurais voulu que ça continue, que ça ne finisse jamais serait un pur euphémisme. Je ne voulais plus rien savoir de la réalité, même de l'été qui commençait, même des journées au parc Lafontaine ou à l'île Sainte-Hélène, promises depuis des mois. J'étais un dessin animé en Technicolor et j'allais le rester.

La salle se ralluma lentement et les familles d'Anglais commencèrent à se diriger vers la sortie. Ma mère se pencha vers moi, je me souviens qu'elle tenait un carton de pop corn vide. « Voulez-vous qu'on s'en alle tu-suite ou ben si vous voulez voir le commencement de la vue ? »

Je n'eus pas besoin de répondre. Elle posa sa main sur mon front. « Fais-tu de la fièvre, coudonc ? Ça a pas de bon sens de se mettre dans des états de même pour un cartoon, voyons donc ! On va regarder le commencement pis on va s'en aller... J'ai pas envie qu'on soye malades tou'es deux : moé avec une double numonie pis toé viré fou par une vue animée pour les enfants... »

* * *

Nous avons regardé le film au complet encore deux fois. Ma mère a séché sans rien attraper et moi j'ai passé un après-midi de total ravissement.

* * *

J'ai revu *Cendrillon* dernièrement. J'ai acheté la vidéocassette aussitôt qu'elle est sortie. J'avais peur d'être déçu, évidemment, de ne pas retrouver l'émerveillement de mes neuf ans, de tout trouver laid, mou, manipulateur, débile. Je n'avais pas revu le film depuis une bonne trentaine d'années, depuis cette époque où j'étais devenu un anti-Disney invétéré et où je condamnais sans appel et sans nuances son œuvre au grand complet, même ma bien-aimée *Cendrillon*...

À ma grande surprise, je me souvenais de chaque séquence, de chaque plan, de chaque réplique, drôle ou émouvante, tout était frais comme si j'avais visionné le film la veille. J'ai ri aux mêmes endroits, j'ai été touché par les mêmes images et, à mon grand soulagement, il ne me restait plus rien du dégoût de la fin de mon adolescence, alors que je ne jurais que par Fritz Freleng et Chuck Jones et que le seul nom de Walt Disney me faisait frémir.

Mais une grande surprise m'attendait. Je suis littéralement tombé sous le charme du méchant Lucifer que j'avais tant haï pendant toute mon enfance ! Quel personnage génial ! Le dessin est à la fois sophistiqué et simple, les mouvements gracieux, coulants, le sourire méchant et les yeux vicieux sont un véritable délice, il boit de la crème comme jamais un autre chat ne l'a fait avant lui, il prend des airs fourbes qui frisent le grand art, il déplace son obésité avec une grâce parfaite, il fait chier tout le monde avec un évident plaisir, enfin bref j'en suis fou et il m'arrive de mettre la cassette dans le lecteur juste pour voir mon idole faire semblant d'être martyrisée par l'insupportable chien que je trouve maintenant insignifiant à mourir, laid et flagorneur. J'aime quand Lucifer sourit à la caméra après avoir fait un mauvais coup ; c'est de la pure provocation, du sublime cabotinage et un frisson d'admiration pour une méchanceté aussi totale me parcourt l'échine. Son sourire s'agrandit en une fine ligne hypocrite, ses yeux en amande prennent une expression diabolique et je suis heureux.

Jack et Gus, aussi jolis et drôles soient-ils, peuvent aller se rhabiller, Lucifer est entré dans ma vie.

La société aurait-elle fait de moi un cynique ? C'est possible. Les inventeurs de ce chat savaient-ils qu'ils tenaient là un grand personnage dont seuls les adultes pourraient comprendre le génie ? Si oui, ils ont réussi parce que je rêve maintenant de fonder un fan club pour ma nouvelle idole : « Les amis de Lucifer » !

*BAMBI*

Avez-vous autant pleuré que moi à la mort de la mère de Bambi ? Personnellement, je ne m'en suis jamais remis.

*BLANCHE-NEIGE*
*ET LES SEPT NAINS*

Je suis retourné une seule fois au cinéma Outremont pendant mon enfance. C'était pour la reprise de *Snow White and the Seven Dwarfs*, du même Walt Disney.

Ce film-là, je le connaissais par cœur avant même de l'avoir vu : mes deux frères, Jacques et Bernard, mes trois cousines, Hélène, Jeanne et Lise, me l'avaient raconté des dizaines de fois, me l'avaient mimé, m'en avaient chanté les airs principaux (Hélène se plaçait de profil devant la fenêtre de la salle à manger pour interpréter « Un jour, mon prince viendra », et je tombais en pâmoison) et l'utilisaient aussi pour me faire peur quand je leur tombais sur les nerfs, le samedi soir, surtout Lise qui adorait me consoler quand j'étais trop terrifié.

J'étais le plus jeune de la famille et ils étaient tous assez vieux pour me garder quand nos parents jouaient aux cartes ensemble ; ils le faisaient donc chacun à son tour, souvent de mauvaise grâce parce que tout le monde sait qu'y'a rien de plus plate au monde que de surveiller un p'tit fatiquant le samedi soir, surtout quand y veut pas se coucher...

Moi, j'adorais ça parce que tous les cinq me faisaient passer la soirée de façon très différente : mon frère Jacques m'inculquait les premiers rudiments de la musique classique (il avait imaginé une histoire sur « La danse des heures », de Ponchielli, que je retrouve intacte encore maintenant chaque fois que j'entends par hasard cet extrait de *La Gioconda*) ; Bernard organisait des partys avec ses amis, des festivités qui commençaient tôt et qui finissaient tard, toujours bruyantes, très arrosées et qui se terminaient infailliblement au fond des garde-robes ou dans la salle de bains ; Hélène polissait inlassablement ses ongles en me confessant ses amours, la plupart du temps malheureuses mais toujours incroyablement romantiques, avec des chauffeurs de tramway, des waiters de cabaret ou des sous-fifres de la petite mafia montréalaise ; Jeanne me racontait des histoires qu'elle inventait à partir des contes de fées que nous connaissions trop (sa version du *Petit Chaperon rouge* murmurée toutes lumières éteintes était particulièrement terrifiante) et me rapportait les derniers potins de la famille, souvent nombreux, toujours juteux ; et Lise me jouait la scène de la pomme empoisonnée de *Blanche-Neige*, en costume et avec un étonnant talent d'actrice.

Alors que les autres utilisaient *Blanche-Neige* pour se débarrasser de moi quand je refusais de me coucher, usant de tous les subterfuges que leur suggérait cette histoire pour me traquer dans la maison, me guider vers mon lit où, affolé, je finissais par me réfugier, convaincu que le chasseur allait rapporter mon cœur à la méchante reine ou que les animaux de la forêt voulaient me dévorer, Lise, elle, faisait de ce film le cœur même de la soirée, une espèce de cérémonie incontournable aussi excitante qu'épouvantable au cours de laquelle Blanche-Neige (moi enveloppé dans un drap) était sacrifiée aux serviteurs du Mal incarnés par la sorcière au gros nez et au rire dévastateur (elle, camouflée sous une vieille robe de chambre en chenille de ma mère, courbée, minuscule, gesticulante, caquetante, absolument effrayante).

La cérémonie se déroulait toujours de la même façon. Lise éteignait le poste de radio où Tino Rossi ou Luis Mariano s'égosillait en vantant les beautés de Marinella ou les femmes de Mexico, elle fronçait les sourcils en disant avec un trémolo dans la voix : « J'pense que j'entends quequ'chose sur la galerie... » Je faisais celui qui a peur (j'avais quand même déjà un peu peur mais je ne voulais pas le montrer), j'allais à la fenêtre de la salle à manger, je poussais doucement le rideau sali par le gras de steak et je disais à mon tour : « Penses-tu que c'est *elle* ? » Lorsque je me retournais, Lise n'était plus dans la salle à manger. Je partais comme une balle de fusil, j'allais me réfugier dans la salle de bain dont la porte ne se verrouillait pas et j'attendais. La méchante reine. La sorcière. L'assassine qui allait s'en prendre à ma vie parce que le miroir lui avait dit qu'elle était moins belle que moi.

Un frottement. Un glissement. Un frottement. Un glissement. Quelqu'un qui boitait traversait la cuisine avec une lenteur calculée. Elle. J'étais tellement énervé que je faisais pipi assis sur le bol de toilette, comme une fille. Une voix... quelque chose comme le croisement entre le croassement d'une corneille et un rhume de cerveau qui ne veut pas débloquer, disait : « Blanche-Neige ? Blanche-Neige, t'es-tu dans les étoilettes ? » La terreur s'arrêtait derrière la porte, grattait. « Blanche-Neige ? T'es-tu dans les étoilettes ? » Silence. J'aurais voulu répondre que je n'aurais pas pu. J'étais sans voix. J'étais sans vie. J'étais une boule de peur. La porte s'ouvrait brusquement. Une silhouette toute menue, toute courbée, tendait un drap blanc devant elle. « Blanche-Neige ? T'aimerais-tu ça manger une belle p'tite pomme rouge ? » Je me laissais envelopper dans le suaire, je faisais la morte, la sorcière me prenait dans ses bras, retraversait la cuisine, me déposait sur le sofa de la salle à manger, ce bateau d'un autre âge en velours rouge qui connaissait si bien l'exaltation de mes premières lectures ; le drap était frais, je me sentais mou, je dérivais. Quand j'ouvrais les yeux, une belle pomme rouge, une vraie pomme pigée dans le bol de fruits qui trônait toujours au milieu de la table de la salle à manger, une pomme empoisonnée et qui m'endormirait, moi, Blanche-Neige, pour des centaines d'années, la pomme de la mort, la pomme de l'amour, aussi, parce qu'un jour mon prince viendrait, une pomme niaiseuse mais qui contenait tout le danger du monde se balançait au-dessus de mon nez.

J'imaginais les sept nains qui chantaient « Heigh Ho » dans leur mine de diamants sans se douter que j'étais en danger ; je devinais le museau mouillé des faons, des écureuils, des lapins, contre la vitre de la salle à manger ; je croquais dans la pomme en pensant à ce freluquet à chapeau à plumes qui daignerait peut-être un jour se pencher sur moi pour m'embrasser (après cent ans, ouache, j'allais sûrement sentir l'haleine !) ; je m'abandonnais aux fantasmes de ma cousine Lise qui devenaient si facilement les miens. Et je mourais. Je faisais bien ça parce qu'un moment de flottement, un doute passait entre nous avant que Lisc me dise : « Michel ? T'es-tu correct ? » Puis elle reprenait son rôle. Qui consistait désormais à pleurer, à hurler, à s'arracher les vêtements de sorcière de sur le dos, à rouler par terre, folle de remords, insultant le miroir qui refusait encore de lui dire qu'elle était la plus belle malgré ma mort. Puis elle mourait à son tour en me maudissant, dans une grande scène tragique parfois un peu longue. Sa main crochue s'élevait dans la pièce sombre, tremblait, une voix agonisante murmurait : « Ton mari s'ra pas mieux que les autres, maudite niaiseuse, y va te tromper avec n'importe quelle guidoune qui va vouloir de lui ! » Elle s'agitait, toussait, roulait sur le plancher ; c'était son grand moment et elle en profitait grandement. Puis un silence, un petit choc sur le bois franc de la salle à manger. La cérémonie était terminée. La méchante reine avait payé de sa vie le crime odieux de ma mort. J'étais tellement épuisé qu'il m'arrivait de m'endormir dans mon suaire. Quand je me réveillais, j'étais dans mon lit, ma cousine Lise buvait un café en lisant des magazines. Elle me regardait en souriant. « T'as-tu encore faite des cauchemars, mon ti-Pit ? » Et elle venait me consoler. C'était long et c'était bon.

Tout ça pour dire que *Blanche-Neige et les sept nains* était pour moi beaucoup plus qu'une histoire, c'était une aventure que j'avais vécue plusieurs fois et qui faisait partie de mes terreurs et de mes joies personnelles. Le film n'avait qu'à bien se tenir !

* * *

« Pas encore le théâtre Outremont ! On s'en sortira jamais ! On a eu d'la misère à le trouver à quatre, l'année passée, comment tu vas faire pour le trouver à toé tu-seul ? »

Ma mère avait bien sûr gardé un mauvais souvenir du cinéma Outremont. Même si, et je le savais très bien, elle avait adoré le film, elle se plaisait à raconter à qui voulait l'entendre qu'elle y avait passé un après-midi complet à sécher en regardant des rats coudre une robe de bal.

Mais j'étais désormais assez vieux pour prendre le tramway tout seul et je voulais absolument prouver à toute la maisonnée que je pouvais aussi aller au cinéma sans chaperon. La chose fut longuement débattue. Mon père était d'avis qu'il fallait me laisser ma chance, ma mère, de son côté, protectrice à outrance, dramatique en tout, toujours inquiète de ce qui pouvait arriver à ses trois fils même si les deux premiers approchaient de la vingtaine, disait qu'il était encore trop tôt, que les cinémas étaient pleins de maniaques, que l'Outremont était à l'autre bout du monde, que c'est bien beau de prendre le tramway tout seul mais que lorsqu'on en a trois à prendre on peut se perdre facilement, que s'il m'arrivait quelque chose ils seraient tous les deux responsables et que jamais, au grand jamais elle ne se pardonnerait d'avoir perdu un fils juste parce qu'elle l'avait laissé aller tout seul voir un cartoon. À la fin de son exposé, j'étais mort et enterré et ma mère portait le deuil jusqu'à la fin de ses jours. Mais au sourire en coin que j'avais cru deviner sur le visage de mon père, j'avais su que nous avions une chance de gagner. Il l'avait laissée parler, se moucher, entrevoir l'horreur du petit cercueil blanc et du cimetière sous la pluie, puis il avait éclaté de rire en la prenant dans ses bras et en la forçant à valser avec lui.

« T'es tellement dramatique, Nana, que Jean Després devrait t'engager pour écrire *Jeunesse dorée* quand a' va être fatiquée ! Tu viens de nous en décrire une saison complète ! J'ai jamais compris pourquoi t'es pas devenue une actrice ! T'aurais fait pâlir Marthe Thierry elle-même ! »

Elle a ri et j'ai su que c'était gagné.

Ma mère avait le sens du drame, mon père celui du ridicule ; c'était donc un match parfait. Ma mère, aussi intelligente fût-elle, échafaudait souvent d'invraisemblables tragédies que mon père se faisait un malin plaisir de désamorcer d'une seule et lapidaire réplique dont il avait le secret. Ils en riaient, ils esquissaient quelques pas de danse dans la salle à manger et ma mère disait : « T'as encore gagné ! Tu vas finir par me faire damner, maudit ratoureux ! » Cette fois, cependant, elle ajouta, mi-sérieuse : « Chus pas sûre que t'ayes raison... Dix ans... À dix ans, moé, j'étais encore dans les jupes de ma mère... » Ce à quoi il répondit : « Lui aussi, malheureusement. »

* * *

Dans *La Presse* on annonçait la première séance pour onze heures trente. Je partis donc de la maison à dix heures et demie, fier comme Artaban, mon argent bien protégé par un nœud fait dans un coin de mon mouchoir (deux vingt-cinq cents pour le cinéma, deux cinq cents pour le tramway, dix cents pour un coke et un dernier vingt-cinq cents au cas). J'ai croisé mon ami Jean-Paul Jodoin à qui j'ai dit que je m'en allais aux vues tout seul mais il ne m'a pas cru. Je lui ai offert de lui payer son tramway pour qu'il vienne me voir entrer au cinéma Outremont.

« Es-tu fou ? Comment j'vas faire pour revenir tu-seul ?

— Tu referas le même chemin à l'envers, c't'affaire !

— Ma mère voudra pas... »

Il fit quelques pas, s'éloigna.

« J'te crois pas pareil ! »

Vexé, je sortis mon mouchoir de ma poche, défis le nœud, brandis les pièces de monnaie.

« Pis ça, c'est quoi ? »

Il compta l'argent.

« Une piasse et cinq ! J'ai jamais vu tant d'argent en même temps, j'pense !

— Me crois-tu, là ? »

Il hésitait, faisait la moue.

« J'te crois que t'as de l'argent, mais ça veut pas dire que tu t'en vas aux vues ! Tu t'en vas peut-être juste faire une commission pour ta mère ! »

Je l'aurais tué. Rien au monde ne m'insulte plus que lorsqu'on doute de ma parole.

« J'm'en vas voir *Blanche-Neige et les sept nains* en anglais, tu sauras, Jean-Paul Jodoin ! C'est au théâtre Outremont, c'est à l'autre bout du monde mais chus capable d'y aller tu-seul pareil, même si ça prend trois p'tits chars pour se rendre ! Pis quand j'vas revenir après-midi j'vas toute te le conter, tu vas ben être obligé de me croire ! »

Il a haussé les épaules.

« Tu contes toujours n'importe quoi, de toute façon. »

* * *

Le voyage était long mais simple : le tramway Mont-Royal numéro 7 jusqu'à l'avenue du Parc, de là n'importe lequel qui se dirigeait vers le nord et qui se rendait à Bernard, puis le seul tramway qui passait sur Bernard jusqu'à Champagneur. J'avais tout ça écrit sur un bout de papier, avec mon nom, mon adresse, mon numéro de téléphone, mais j'en avais un peu honte et pour rien au monde je ne l'aurais sorti de ma poche, même perdu.

C'était un samedi de mai, plutôt frais, nuageux, et dans mon énervement du départ j'avais oublié mon chandail sur le sofa du salon. Ma mère allait sûrement en faire un drame mais j'essayais de ne pas trop y penser. Elle avait la phobie des pneumonies doubles et des bronchites et, jusqu'au début du mois de juin, nous enterrait littéralement sous des monceaux de chandails, foulards, tuques et calurons chaque fois que le soleil disparaissait. Et j'exagère à peine.

Arrivé au cinéma Outremont, je trouvai les portes fermées. Il était onze heures vingt, il me restait donc dix minutes à attendre. Je fis le tour du bâtiment, étonné de trouver un si beau cinéma dans un quartier résidentiel (pour nous, les salles de cinéma se trouvaient toujours sur des artères animées, là où on pouvait les voir, pas au bout d'une rue riche et inanimée où on ne pouvait même pas trouver un seul restaurant), admirant les arbres de la rue Bernard, les maisons sur

Champagneur, les pelouses bien entretenues, chose que nous n'avions pas pu faire, l'année précédente, ma mère, mes deux amies et moi, à cause du fameux orage. J'avais beaucoup de difficulté à comprendre qu'une seule famille habitait chacune de ces maisons (nous étions nous-mêmes trois familles entassées dans un appartement de sept pièces parce que ça coûtait moins cher pour manger) et j'essayais de m'imaginer *montant* un escalier pour aller me coucher dans *ma* chambre... Impossible. Malgré ma grande imagination. Des tulipes gelaient dans un parterre et je pensais aux seules fleurs qui poussaient dans ma rue, au printemps, les pissenlits. Je revins vers le cinéma. Toujours aucune trace de vie. Un petit écriteau pendu à une des portes attira mon attention. L'horaire. Qui, évidemment, n'était pas du tout le même que celui publié dans *La Presse*.

La première séance était à une heure. Il était onze heures et demie, j'étais dans un quartier que je ne connaissais pas, il faisait froid et il n'était pas question que je rentre à la maison en pleurant comme un bébé ! J'avais donc une heure et demie à occuper. Une heure et demie pour un enfant de dix ans sans jouet et loin de chez lui, c'est comme une journée complète. Une heure et demie à geler, à ne pas savoir quoi faire de mon corps, à tourner en rond... C'est bien beau, les tulipes, mais quand on en a vu un parterre on les a toutes vues ! Je sacrai contre le journal, contre le cinéma, contre Walt Disney qui faisait des films qui ne passaient pas aux bonnes heures et me mis à tourner en rond sur le trottoir devant le cinéma, comme un animal en cage.

La première panique passée, je décidai de partir à la recherche d'un restaurant en marchant jusqu'à l'avenue du Parc. Je boirais mon coke avant le film au lieu de pendant, c'est tout. Mais juste à côté du cinéma, un peu en retrait, au bout d'une courte ruelle, j'aperçus quelque chose, un bouquet d'arbres, un pont, des sentiers asphaltés, qui ressemblait à un parc. C'en était un, en effet, minuscule, le plus petit que j'avais jamais vu, triste dans cette lumière crue sans soleil mais quand même ravissant parce qu'il semblait avoir été pensé pour des poupées, avec une pièce d'eau qui entourait une île, une vraie petite île sur laquelle on pouvait se réfugier quand, comme moi, on faisait naufrage ! Je me réfugiai donc sur cette île, imaginant, toujours pour tromper mon ennui et passer le temps, que j'y rencontrerais peut-être des êtres extraordinaires, des monstres issus des histoires qui hantaient mon sommeil ou des fées sorties de mes livres en trois dimensions dont les images en se dépliant vous sautaient à la figure quand vous tourniez les pages... Rêver pendant une heure et demie sur un vraie île en plein cœur de Montréal qui elle-même était une île, pouvait être une expérience unique, après tout !

Il faisait trop froid, les bancs n'avaient pas encore été installés et la pelouse était mouillée. Et on faisait le tour de l'île en trente secondes. De plus, un petit vent humide venait de se lever et je commençais à trembler...

Le seul endroit à l'abri du vent était une petite bande de ciment sous le pont, en pleine noirceur. J'y ai passé une bonne heure à fulminer, à rager, à pleurer (il n'y avait pas de témoin), à penser que j'étais l'enfant le plus misérable du monde, que j'allais sûrement mourir de froid et qu'on trouverait mon corps raidi quelques jours plus tard, comme la petite fille aux allumettes, qu'on me ferait des funérailles nationales parce que j'étais un martyr du journal *La Presse,* et que la princesse Elizabeth, la favorite de ma mère, celle qui deviendrait reine à la mort de son père, l'insignifiant George VI, enverrait un télégramme de condoléances à mes parents, accompagné d'un chèque d'un million de dollars, comme pour les jumelles Dionne, mais dont je ne pourrais pas profiter parce que je serais mort... L'influence de ma mère, cette propension presque maladive au drame le plus noir, me fit passer une heure non pas agréable parce que j'étais sincèrement désespéré, mais en fin de compte assez courte et surtout très intense. J'avais même fini par oublier que j'allais au cinéma et je dus courir pour ne pas arriver en retard.

Encore unc fois, le film n'avait qu'à bien se tenir !

« Si c'est pas bon, je tue tout le monde ! »

Mais ça ne pouvait pas ne pas être bon.

* * *

La déception fut l'une des plus cuisantes de ma vie.

Je n'ai pas retrouvé l'exaltation ressentie devant *Cendrillon*, l'année précédente. Ce n'est pourtant pas faute de ne pas avoir essayé ! Mais tout me semblait mièvre, édulcoré, trop cute ; j'aurais battu Bashful avec ses airs de fausse sainte nitouche, Happy ne me faisait pas rire, il me faisait penser à mes oncles, dans les partys de famille, quand ils avaient trop bu et que les yeux leur crochissaient, Sneezy me dégoûtait parce que je n'ai jamais aimé qu'on éternue devant moi, je mélangeais les autres nains dont les « caractéristiques » ne m'étaient pas évidentes, le côté « yoodle » du film avec sa fausse musique folklorique des Alpes me tombait sur les nerfs, Blanche-Neige avait moins de personnalité que son propre Prince Charmant, les animaux de la forêt n'étaient pas aussi amusants que ceux de l'autre film et, surtout, la méchante sorcière n'arrivait pas à la cheville de ma cousine Lise !

C'est que cette fois j'avais un point de comparaison irréfutable, une grande connaissance du film et même une expérience active qui hantait mes nuits. Une version de ce film avait transformé ma vie d'enfant ! Tout ça m'empêchait donc d'apprécier vraiment ce que je voyais, mon cerveau fonctionnant toujours en double perspective, entre ce que je savais déjà et ce que j'avais sous les yeux, soulignant la force de ce que je connaissais du film et qui provenait d'une vision terrifiante pour moi et sa faiblesse intrinsèque qui était d'avoir été fait pour des enfants. Il avait été fabriqué pour plaire ; il m'avait été raconté pour me faire peur. Et j'en voulus à ma cousine. Après tout, personne n'avait le droit d'être plus terrifiant qu'un film, personne n'avait le droit d'avoir plus de talent que le cinéma !

Je n'ai pas tremblé lorsque la reine a bu sa potion magique et qu'elle s'est transformée sous mes yeux en un insipide masque de caoutchouc pour les soirs d'Halloween. Les enfants autour de moi criaient d'horreur et j'avais envie de leur dire : vous devriez voir ça, le samedi soir, quand ma cousine se change en sorcière... je l'ai jamais vue moi non plus mais c'est ben pire que ça parce que ça se passe dans ma tête ! Je n'ai pas eu peur non plus lorsque le masque de caoutchouc a tendu la pomme à Blanche-Neige, pour la bonne raison que ce que la sorcière disait était infiniment moins terrible que le « Blanche-Neige ? T'es-tu dans les étoilettes ? » de ma pythie personnelle... Je n'ai pas applaudi quand les nains ont réussi à jeter la sorcière dans un ravin sous un orage bien commode pour rendre les pierres glissantes. Et j'ai trouvé le cercueil de verre vraiment ridicule. Ça devait pas sentir bon là-dedans quand le prince a ouvert la tombe ! En fait, un seul souvenir fort m'est resté de ce film mais j'étais encore trop gelé par mon heure d'attente dans le froid pour en être troublé et chercher les raisons de mon émoi : le

Prince Charmant était bien beau quand il chantait « One Song », dans une des premières séquences, alors que Blanche-Neige se contentait de rougir à son balcon, comme une idiote.

Le film s'est terminé sous un tonnerre d'applaudissements. J'étais sidéré. C'était la première fois de ma vie qu'un film me décevait.

Inutile d'ajouter que je n'ai pas regardé *Snow-White and the Seven Dwarfs* une seconde fois, même pour vérifier si j'avais raison. Je suis sorti du cinéma la tête basse, les mains dans les poches ; il faisait toujours aussi froid, j'avais une heure de tramway à faire... Et je souhaitais que personne dans ma famille ne me raconte jamais plus un seul film !

*LA FILLE DES MARAIS*

« C't'enfant-là va finir par me rendre folle ! »

Ma mère attachait son tablier en faisant les cent pas dans la cuisine. Le bœuf aux légumes avait fini de mijoter, il était temps de le servir. Une odeur à rendre fou flottait depuis des heures dans la maison. Le mélange du parfum des carottes, du céleri, des navets, du bœuf, des herbes, vous clouait sur place et vous empêchait de faire ce que vous aviez à faire, même si on était samedi et que le temps était superbe. Des ombres étaient venues rôder à plusieurs reprises autour du poêle, des tapes amicales mais fermes avaient été distribuées quand quelqu'un de particulièrement téméraire avait soulevé le couvercle de la marmite en fonte : « Touche pas à ça, y faut pas qu'y perde son jus ! » La maisonnée était attablée, des tranches de pain avaient déjà été beurrées, les têtes étaient tournées vers elle, la déesse du bœuf aux légumes qui, au lieu d'officier à la cérémonie tant attendue de la distribution de la nourriture divine, tempêtait contre moi qui n'arrivais pas du cinéma.

« Y'est sept heures moins quart pis y'est parti depuis onze heures, à matin ! C'est ben beau d'aimer les vues mais y'est-tu allé en voir six, coudonc ? »

Ma tante Robertine s'était approchée du poêle après avoir elle aussi enfilé son tablier.

« Voulez-vous que je serve à votre place ? On commence à avoir faim, tout le monde, là...

— Mon enfant est peut-être mort assassiné dans le fond du théâtre La Scala en regardant Maria Goretti se faire couper en morceaux, pis vous pensez à manger !

— Y va arriver, là... Vous le savez, c'est toujours long quand y va aux vues...

— J'appelle pus ça long ! Y'arait pus m'avertir, tant qu'à y être, j'y arais préparé son pydjama pis un lunch pour demain matin ! »

Mes frères et mon père cachèrent leur fou rire dans leur assiette. Ma cousine Hélène, elle, haussa les épaules.

« Moé aussi j'vas aux vues, à soir, ma tante ! À huit heures ! Pis j'aimerais ben ça avoir le temps de manger sans me dépêcher, pis de me préparer avant de partir ! J'ai pas rien que ça à faire, moé, attendre après c'te p'tit morveux-là... Toute tourne tout le temps autour de lui, dans c'te maison-là ! Y faut quasiment attendre sa permission pour aller pisser ! »

Sa mère sursauta.

« Hélène, dis pas de gros mots dans' maison !

— Quel gros mot ? J'ai-tu dit un gros mot, moé ? J'ai-tu dit crisse ? J'ai-tu dit tabarnac ? »

La sœur de mon père plongea le nez dans la marmite.

« Je le savais ! Je le savais qu'a' finirait par en dire un vrai ! Faut que je me retienne, sinon j'vas aller y gosser le derrière du cou avec le couteau à patates ! »

Mon frère Bernard prit un faux air sérieux.

« J'ai comme l'impression que tu t'en vas pas voir Maria Goretti, toé, à soir, Hélène... »

Hélène le fixa comme si elle venait d'apercevoir un petit être répugnant, une coquerelle ou une souris morte.

« Maria Goretti m'intéresse pas, tu sauras. J'm'en vas voir Rita Hayworth ! C'est plus de mon âge. Pis c'est moins niaiseux. »

Sa mère ne put s'empêcher d'exploser.

« Hélène ! Une histoire de sainte, c'est pas niaiseux ! Tu devrais en voir un peu plus, des vues de même, ça te mettrait peut-être un peu de plomb dans'tête ! »

Sa fille haussa les épaules dans un très beau geste, très hollywoodien, la tête dressée, les cheveux qui bougent et qui retombent exactement ou elle le voulait.

« Quand j'vas avoir du plomb dans la tête, ça va être parce que quelqu'un m'a tiré dessus ! »

Ma tante resta bouche bée, ne trouvant cette fois rien à répondre à une telle énormité.

Mon père se leva lentement, s'appuya contre le chambranle de la porte de la cuisine.

« Ton bœuf aux légumes va coller au fond, Nana. Y'a-tu quequ'chose au monde que t'haïs plus qu'un plat qui colle ? »

Ma mère vint se planter devant lui. Elle était toute petite et elle devait lever haut le menton pour le regarder dans les yeux.

« Oui ! Mon enfant qui disparaît ! J't'avais dit, aussi, qu'y'était trop jeune pour aller aux vues tuseul ! Ça a commencé avec *Blanche-Neige*, le mois passé, pis là y veut pus jamais qu'on y'alle avec lui ! Y fait une crise quand j'y dis que je voudrais que quelqu'un l'accompagne, y dit qu'on n'a pus confiance en lui, y dit qu'y va avoir l'air d'un fou si on le voit rentrer aux vues avec un adulte pour l'accompagner...

— Nana, y'est parti avec à peu près dix de ses amis ! Quand y sont partis, à matin, tous les enfants de la rue Fabre avaient l'air de vouloir émigrer chez les Italiens de la rue Papineau ! »

Profitant de cet échange entre mes parents, ma tante Robertine avait soulevé le couvercle de la marmite. Elle en brassait le contenu en le humant. Mes frères, ma cousine, mon cousin se faufilaient dans la pièce en salivant.

Ma mère bondit vers le téléphone accroché au mur du corridor qui menait à la porte d'entrée.

« C'est vrai, ça ! J'vas appeler madame Jodoin... Y'est peut-être en train de manger des toasts au beurre de peanut, chez eux... Mangez, vous autres, pendant ce temps-là... Ça va refroidir... »

J'avais inscrit le numéro de téléphone de mes amis Jodoin sur le mur, juste en dessous de l'appareil mural, ce qui, à l'époque, m'avait valu une claque derrière la tête, évidemment... Mais ma mère ne l'avait pas effacé. Au cas... Elle le retrouva instantanément.

« Y'écrit ben mal, c't'enfant-là, on comprend rien ! Y leur montrent pas à faire leurs chiffres comme du monde, à l'école ! En plus de salir le mur, c'est pas lisable ! Ben coudonc, j'vas essayer un 8... Ça pourrait aussi ben être un 3, mais j'vas essayer un 8... »

Personne ne l'écoutait plus. La cuisine bourdonnait de : « Donnez-moé-z-en plus, ma tante... », « Pas de pétates, moman, chus au régime... », « D'la sauce, encore un p'tit peu de sauce... C'est ça que j'aime le plus, la sauce... ». Ils retournaient s'asseoir presque en courant et se jetaient sur leur assiette.

« Allô ? Allô, madame Jodoin ? La mère de Jean-Paul ? C'est madame Tremblay. La mère de Michel... Très bien merci, et vous ? En fait, non, non, ça va pas bien pantoute... Écoutez, Michel serait pas chez vous, par hasard ? »

Un temps. Une voix dont on ne saisit pas le propos. Tout le monde mange en silence autour de la grande table. On savoure, mais on a recommencé à l'écouter.

« Pas de la journée ! Vos enfants, eux autres, sont-tu là ? »

Très court silence, puis l'explosion.

« Comment ça, sont revenus depuis trois heures après-midi ! Pis Michel, lui, y'était pas avec eux autres ? »

Les fourchettes restèrent suspendues, mon père commençait même à montrer la ride verticale, entre les deux yeux, qui n'annonçait jamais rien de bon. Ses colères étaient rares mais terribles.

« Pourquoi y l'ont laissé là, aussi ! Y'araient dû le ramener de force avec eux autres ! »

La voix au bout du fil monta d'un ton, ma mère éloigna le récepteur de son oreille.

« Criez-moé pas après de même ! Je le sais que vos enfants sont pas des anges gardiens, y sentent ben que trop fort pour ça ! »

Elle raccrocha, s'appuya contre le mur en portant la main à son cœur.

« Y'est mort ! J'vous l'avais dit, y'est mort vierge et martyr en regardant Maria Goretti mourir vierge et martyre ! D'abord, comment ça se fait que ça s'appelle « La fille Desmarets » si a' s'appelle Goretti ?

Mon père s'était approché d'elle. On devinait à l'affaissement des épaules, au léger tremblement de son bras que l'inquiétude de ma mère commençait à le gagner, lui pourtant si posé, si réfléchi. Même sa voix était moins assurée qu'à l'accoutumée :

« Si y'est pas arrivé dans cinq minutes, j'vas aller le chercher, moé, pis j'vas y en faire toute une, Maria Goretti... »

Ma mère redécrocha le téléphone.

« C'est trop long, cinq minutes, j'vas appeler la police... Si y'a un enfant qui est mort au fond d'un théâtre, y vont le savoir, eux autres... Mon Dieu, y'est peut-être déjà couché dans un tiroir de la morgue ! »

L'hystérie de ma mère (elle avait presque crié) sembla lui faire reprendre ses sens et mon père sourit presque.

« Arrête donc de toute dramatiser comme ça... J'étais au bord de te croire, là... Pourquoi t'appelles pas au théâtre, c'est ben plus simple...

— C'est vrai, ça... Si y viennent juste de le trouver, y doivent se demander comment ça se fait que personne appelle pour le réclamer...

— Veux-tu que j'alle chercher le numéro dans le journal ?

— Non, non, ça va aller plus vite avec la fille du Bell. »

Il s'éloigna, vint reprendre sa place en faisant signe à tout le monde de ne pas trop s'en faire.

Ma mère composa le numéro de la téléphoniste en se trompant deux fois. Elle maudit le téléphone qui ne fonctionnait pas en le bardassant dangereusement. Elle eut enfin quelqu'un au bout du fil.

« Allô, mademoiselle, me donneriez-vous le numéro du théâtre La Scala, mon enfant est disparu... Non, c'est pas le numéro de la police que je veux, innocente, j'vous ai demandé le numéro du théâtre La Scala, sur la rue Papineau, parce que c'est là qu'y'est disparu... Comment ça, comment ça s'écrit ! Ça doit s'écrire comme ça se prononce, en italien ! Aïe, vous allez pas commencer à me demander d'épeler à soir, hein, chus assez énarvée de même ! C'est vous la téléphoniste, c'est pas moé ! Vous êtes pas supposée de savoir comment les affaires s'écrivent quand y vous engagent, au Bell ? »

Elle fut quelques secondes sans parler, la bouche ouverte, scandalisée par ce qu'elle entendait.

« D'habitude chus polie, mademoiselle, mais là chus énarvée ! J'viens de vous dire que mon enfant... Quoi ? Ben si vous avez pas le droit de jaser au téléphone pour que c'est faire que vous me posez tant de questions, d'abord ? C'est ça, passez-moé-la, la superviser, m'as y parler, moé... Si vous aviez pas perdu tant de temps depuis qu'on a commencé à parler, ça fait longtemps que j'arais retrouvé mon enfant ! Bon, enfin, a' se décide... Répétez-lé, j'ai mal entendu, vous parlez trop mal... »

Elle raccrocha, faillit décrocher le téléphone du mur.

« J'arais dû prendre son nom... Me faire pardre du temps comme ça... Où c'est qu'y vont les chercher, leurs employés ? À Saint-Jean-de-Dieu ? »

Elle s'installa sur ce qu'on appelait la chaise du téléphone, un vieux fauteuil au velours décati dans lequel toutes les femmes de la maison passaient des heures, un coke chaud posé sur le plancher, le journal ou une revue sur les genoux, l'appareil vissé à l'oreille.

Mon père leva le nez de son assiette.

« Veux-tu que j'appelle, moé ? T'es trop énarvée, là, tu sais pus c'que tu dis... La pauvre fille... C'est toé qui l'empêchais de faire son travail...

— J'vas finir c'que j'ai commencé ! J'vas boire le ciboire jusqu'à la dernière goutte !

— C'est pas le ciboire, Nana, c'est le calice...

— Quoi ?

— C'est pas le ciboire qu'on boit jusqu'à la dernière goutte, c'est le calice...

— Laisse-moé donc tranquille, toé ! J'boirai ben c'que j'voudrai ! Si mon enfant est mort, j'veux être la première à le savoir... Pis j'veux être la première à aller étrangler celui qui a fait ça ! J'vous dis qu'y'auront pas besoin de le pendre, ça va être faite depuis longtemps ! Pis ça sera pas par le cou qu'y va être pendu ! »

Ma tante Robertine était retournée à la cuisine. Elle servait une deuxième portion de bœuf aux légumes à ceux qui en voulaient, c'est-à-dire tout le monde.

« Arrêtez donc de toujours dire ça, Nana, vous savez ben qu'y'est juste en retard... »

Ma mère composait le numéro du théâtre.

« Y'est jamais en retard pour un bœuf aux légumes ! Jamais ! »

Sa belle-sœur revenait dans la salle à manger avec sa propre assiette qui débordait presque de succulentes choses qui la faisaient encore saliver.

« Y le sait pas qu'on mange du bœuf aux légumes, on a décidé ça après qu'y soit parti, pour y faire une surprise ! »

Ma mère, qui écoutait rarement ce que disait ma tante, hurlait déjà dans le récepteur.

« Allô, mademoiselle ? Êtes-vous Italienne ? Parlez-vous français ? Écoutez, c'est pas pour avoir l'heure des vues que je vous appelle, c'est pour ravoir mon garçon qui est disparu chez vous depuis onze heures à matin... Quoi ? J'parle trop vite ! C'est vous, une Italienne, qui me dites que je parle trop vite ! Vous vous êtes pas entendue ? J'ai pas compris c'que vous avez dit quand vous avez répondu pis j'vous ai pas demandé de répéter ! Aïe, coudonc, y'a-tu quelqu'un qui mène dans c'te théâtre-là, un boss, un gérant, quequ'chose ? Monsieur Minetti ? J'peux-tu y parler, à monsieur Minetti, s'il vous plaît ? Ben, donnez-moé-lé, son numéro, j'vas l'appeler ! Certainement, que j'vas le déranger ! Si votre enfant était disparu depuis le matin dans un théâtre oùsque les enfants disparaissent, pensez-vous que vous le dérangeriez pas, vous aussi, monsieur Minetti ? Okay, c'est ça, passez-moé-lé directement, ça va nous sauver du temps à tout le monde... »

Elle posa la main sur le récepteur.

« M'as y'en faire, moé, des j'ai pas le droit de le déranger ! Un gérant de théâtre, c'est faite pour être dérangé, non ? Pis ça doit même pas être vrai qu'y'a un numéro personnel... Allô, monsieur Minetti ? Ici madame Tremblay de la rue Fabre... Écoutez, mon garçon de dix ans... Ah, a' vous a déjà averti... C'est vrai qu'a' parle vite, hein... Êtes-vous allé voir si y'était là ? Je le sais qu'y'a ben du monde, mais vous pourriez pas vous promener dans l'allée en chuchotant son nom ? Pas trop fort pour pas déranger les autres, mais assez pour qu'y vous comprenne ? Y s'appelle Michel... Si y vous entend, y va vous répondre... Pis dites-y qu'y s'en vienne tu-suite ! Hein ? Ben c'est quand, la prochaine intermission ? J'peux pas attendre tout ce temps-là, j'vas virer folle... Soyez donc un peu poli, vous ! Écoutez, vous avez un projecteur dans votre théâtre... Pourquoi vous projetez pas son nom sur l'écran... Écrivez quequ'chose, là, comme : MICHEL TREMBLAY, TA MÈRE T'ATTEND POUR LE SOUPER... Non, monsieur, chus pas folle, j'ai juste perdu mon enfant, imaginez-vous donc, pis j'veux le retrouver ! Vous êtes dans un théâtre, vous êtes là pour projeter des affaires, pourquoi vous pourriez pas projeter ça ? Allô ! Allô ? Y m'a raccroché au nez ! C'est lui qui l'a tué ! Chus sûre que c'est lui qui l'a tué ! Y font accroire qu'y projettent des vies de saintes pour pouvoir nous enlever nos enfants ! »

La porte d'entrée qui s'ouvre brusquement, une cavalcade dans le corridor et moi qui débouche dans la salle à manger, tout essoufflé, tout rouge.

« Ça sent donc ben bon ! Que c'est qu'on mange ? »

Ma mère reste clouée sur place, la main sur le cœur, peut-être même un peu déçue, inconsciemment bien sûr, de me voir arriver sain et sauf avant la fin d'une des plus belles performances de toute sa carrière.

Mon père s'essuie la bouche, dépose sa serviette, se lève, s'approche de moi en remontant son pantalon.

« On te fait confiance... On te laisse aller aux vues comme tu veux... »

Il n'achève pas sa phrase.

La claque est violente ; ma joue gauche commence à enfler immédiatement, avant même que je sente la douleur.

« C'est du bœuf aux légumes. Pis j'pense que j'ai pas besoin d'ajouter que t'en auras pas ! »

C'est la seule fois de ma vie où mon père m'a frappé ; ce n'était pourtant pas d'une claque que j'avais besoin, mais bien d'une explication. Parce que je n'avais pas compris ce qui était arrivé à Maria Goretti.

* * *

Mon père avait bien deviné, nous étions exactement onze : Jean-Paul, Jean-Pierre et Marcelle Jodoin, Ginette et Louise Rouleau, Nicole et Roger Beausoleil, les jumelles Guérin, Gisèle et Micheline, leur sœur Pierrette, et moi. Nous étions arrivés au cinéma La Scala, au coin de Papineau et Beaubien, par le tramway 45, tout excités parce que nous allions rarement dans le nord de la ville, la plupart des incursions de nos familles respectives en dehors du Plateau Mont-Royal se faisant dans ce que nous appelions le bas de la ville, autrement dit la rue Sainte-Catherine.

Au nord de Laurier, Montréal était pour mes amis et moi une terra incognita qui appartenait aux étrangers mais pas aux Anglais, aux autres, les Italiens, sauf peut-être pour Rosemont où quelques-uns d'entre nous avaient de la parenté et où on disait que ça parlait juste français.

Moi, je n'avais aucune parenté dans Rosemont, je ne m'y étais même jamais aventuré et je regardais avidement par la fenêtre du tramway, m'attendant à ce que tout change passé le viaduc, cette barrière évidente entre les Italiens et nous, érigée exprès pour nous empêcher de nous mélanger, comme si nous en avions eu envie !

En fait, la seule raison pourquoi je n'avais pas peur était que nous étions onze. Je ne sais pas si je me serais rendu seul dans ce quartier de Montréal, les bandes d'Italiens, comme nos Popeyes à nous, ayant très mauvaise réputation et étant moi-même une moumoune avouée.

En sortant du viaduc, j'avais été un peu déçu que tout reste pareil : les maisons de trois étages bardées d'escaliers extérieurs et de balcons aux balustrades de fer forgé exactement comme celle où j'habitais, les trottoirs remplis d'enfants qui nous ressemblaient, les noms de rues bien français : Saint-Grégoire, Rosemont, Bellechasse, Beaubien... Mais le cinéma s'appelait bien La Scala (mon père m'avait dit que ça voulait dire « l'échelle » et j'avais tout de suite imaginé une salle en gradins très à pic où j'aurais certainement le vertige) et la caissière avait le bon accent : nous étions dans un vrai cinéma italien, nous allions voir notre premier film italien et nous étions surexcités comme une colonie de fourmis devant un morceau de sucre.

Un doute s'empara cependant de Marcelle Jodoin juste avant d'entrer dans la salle :

« Ça va-tu parler en français ou ben donc en italien ? »

J'avais déjà la bouche collée sur la première buvette rencontrée (ma mère disait que je buvais tellement d'eau que j'aurais pu battre les chameaux dans le désert) ; je me redressai en m'essuyant la bouche.

« Si ça parlait pas en français, y l'annonceraient pas dans *La Presse* !

— Es-tu sûr ? »

Un petit froid au cœur. Le doute, moi aussi.

« Non... »

Onze enfants s'engouffrèrent dans la salle en se bousculant. La séance n'était pas encore commencée mais le reste du public parlait français ; cela nous rassura.

À notre plus grande joie le film était effectivement traduit dans notre langue et j'entendis probablement pour la première fois de ma vie la voix nasillarde de Nadine Alari que j'allais apprendre à tant détester au cours des années suivantes parce que je l'entendrais trop souvent : elle doublait les voix de toutes mes idoles américaines et d'une bonne partie des actrices italiennes.

Nous restâmes très tranquilles pendant la projection. Je crois que c'était mon premier film européen et tout était tellement différent de ce que j'avais toujours connu, mon attention était tellement toujours attirée par des détails qui n'avaient rien à voir avec l'histoire elle-même (quelle drôle de maison ; pourquoi les murs sont en plâtre blanc comme ça, donc ; comment y font pour vivre sans eau courante ; j'ai-tu ben compris que les animaux restent juste en dessous d'eux autres ; que ça a donc pas l'air confortable, ces meubles-là ; j's'rais pas capable, moi, de prendre un canot, comme ça, tous les matins, pour aller à l'école ; pourquoi les femmes sont toutes habillées pareil, pourquoi les hommes sont si sérieux pis qu'y gardent toujours leur chapeau sur la tête ?), que j'avais de la difficulté à suivre l'action.

J'avais un autre problème, lui aussi issu des préjugés hérités des conversations entendues à la maison : je trouvais Ines Orsini bien belle dans le rôle de la pure Maria Goretti mais bien blonde pour une Italienne. Une Italienne, avais-je entendu dire, c'était tout sauf blond.

J'ai quand même été ému quand Maria Goretti a découvert la mer (la chanceuse !), j'ai été troublé sans trop savoir pourquoi quand elle a remonté sa jupe au-dessus de ses genoux pour entrer dans l'eau (j'ai quand même pas fait des grands yeux globuleux comme son cousin Alexandro, par exemple), j'ai pleuré comme tous mes amis quand elle s'est fait poignarder par le même Alexandro, j'ai même crié « Maudit cochon ! » avec les filles, et j'ai été soulagé d'apprendre à la fin du film que la pauvre Maria avait été élue sainte parce qu'elle n'avait pas cédé...

Mais cédé quoi ? Et à qui ? À qui, je le savais puisque son cousin lui donnait quarante et un coups de couteau pendant qu'elle criait non, non, non... Mais quoi ? Qu'est-ce qu'elle pouvait bien avoir de si précieux pour le rendre enragé comme ça ?

À la fin de la séance, les filles se tamponnaient les yeux, les gars se grattaient un peu la gorge mais pas trop pour ne pas passer pour des fifis et j'ai eu envie de me pencher vers Ginette pour lui poser la question qui me chicotait tant. Mais la peur d'être pris en flagrant délit de ne pas comprendre un film m'empêcha de lui parler. Ginette et moi lisions les mêmes livres, discutions d'égal à égal des films que nous avions vus à la salle paroissiale, nos goûts se ressemblaient, nous avions les mêmes aversions, je ne pouvais tout simplement pas lui avouer comme ça, de but en blanc, que je n'avais rien compris à ce que je venais de voir !

De toute façon, tout de suite après le film c'était toujours la ruée vers les toilettes (les filles se demandaient si le siège serait assez propre pour qu'elles s'y assoient, les garçons avaient la ferme intention de pisser dessus, pour une fois que leur mère n'était pas là pour les engueuler) et je me suis vite retrouvé tout seul à côté de la buvette.

Après l'achat du traditionnel coke et de l'inévitable sac de chips Maple Leaf, nous passâmes au vote : nous avions tous bien aimé ça (sauf

Pierrette Guérin, la plus jeune, qui s'attendait à voir un dessin animé et qui était bien déçue), et nous étions d'accord pour regarder le film une deuxième fois. Jean-Paul Jodoin a même dit : « Moé-si, c'était la première fois que je voyais la mer. C'est beau en cochon ! » Et Nicole Beausoleil a ajouté : « Oui, mais ça doit être encore plus beau en couleur ! »

Pendant la deuxième séance, moins dérangé par les détails de la vie quotidienne des Italiens, j'ai mieux suivi l'histoire, j'ai été plus attentif aux relations entre Maria et son cousin... J'ai ressenti le même trouble quand elle a levé sa jupe pour entrer dans l'eau, j'ai trouvé Alexandro aussi bizarre quand il a roulé de grands yeux ronds en la regardant se pâmer dans la mer, j'ai eu aussi peur quand il s'approchait d'elle en ahanant, à la fin du film, et qu'elle heurtait en reculant les casseroles accrochées les unes à côté des autres sur le mur blanc (ces casseroles qui s'entrechoquent sur fond blanc sont d'ailleurs l'une des images qui ont le plus marqué ma vie de cinéphile), mais je n'ai pas plus compris ce qui le rendait fou, lui. C'est-à-dire que je me doutais bien de quelque chose, mais c'était tellement confus et tellement absurde que j'étais encore plus décontenancé que la première fois : Maria serrait sa jupe contre elle en criant non, elle avait donc là, entre les jambes, la chose qu'il convoitait ! Des bribes de conversations entendues à la maison, des farces incompréhensibles qu'avait racontées mon frère Bernard et qui avaient fait rougir les femmes (qui riaient quand même de bon cœur) me revinrent à l'esprit et je fus encore plus troublé.

Un jeu de vie et de mort que je ne connaissais pas encore existait donc entre les hommes et les femmes, un jeu de pouvoir où l'homme tenait un couteau et que la femme refusait... Et quand la femme refusait... C'est ainsi que je comprenais la chose puisque c'est comme ça qu'on me la présentait. Mon premier contact avec la sexualité, à travers le cinéma, était monstrueux. Mais je ne savais pas qu'il était question de sexualité. Je ne savais même pas que la sexualité existait. J'étais plus que troublé, je crois que je ressentais quelque chose qui ressemblait à de l'angoisse. L'angoisse de ne pas comprendre mais celle, aussi, d'avoir peur de trouver la réponse à mon questionnement, d'y trouver des choses encore plus incompréhensibles, encore plus mystérieuses, encore plus terrifiantes.

Au deuxième entracte, mes amis se sont levés avec un bel ensemble ; personne ne pleurait plus, on avait vu le film deux fois (on l'avait d'ailleurs trouvé plutôt longuet, à bien y penser), il faisait beau dehors, le parc devait être ouvert, l'heure du repas était depuis longtemps passée... et, de toute façon, Pierrette Guérin avait fait pipi dans ses culottes.

Il m'ont évidemment traité de tous les noms quand je leur ai confié mon intention de rester ; même Ginette n'a pas compris.

« Écoute, là, c'est pas si bon que ça... »

Au lieu de me livrer à elle, d'essayer de lui faire comprendre que j'avais un problème avec le cœur même de ce film, avec l'essence de ce qui liait Maria à son cousin Alexandro, j'ai répondu, agressif :

« J'aime ça, moé, j'ai-tu le droit ? »

Peu habituée à tant d'animosité de ma part, elle parut étonnée.

« Ben oui, mais y'est deux heures, pis on est enfermés ici depuis onze heures à matin...

— Ça me fait rien, j'veux le voir encore ! Pis j'sortirai pas d'icitte tant que j'le saurai pas par cœur ! »

Elle eut un petit sourire moqueur et je sus que je n'aimerais pas ce qui allait suivre.

« Aïe, tout le monde, Michel a un kick sur Maria Goretti ! »

Ils ont quitté la salle en hurlant de rire, dans une cavalcade échevelée qui fit s'élever des protestations dans la salle. Juste avant de sortir, Jean-Paul Jodoin s'est retourné.

« Quand y va se jeter sur elle, la prochaine fois, t'essayeras d'aller la sauver, niaiseux, tu vas peut-être pouvoir changer la fin du film pis la marier, ta belle Maria Goretti ! »

Je fus soulagé de rester seul. J'allais pouvoir me concentrer complètement sur le film, guetter chaque séquence, chaque plan pour essayer d'y trouver un indice, un geste, un mot, un regard, n'importe quoi qui m'aiderait à comprendre. Je ne voulais pas sortir de ce cinéma avant d'avoir trouvé une solution au mystère des yeux globuleux d'Alexandro et de la jupe à la fois relevée et retenue de Maria Goretti.

Une sensation d'impuissance m'envahit rapidement dès le début de la troisième projection : le film m'avait donné tout ce qu'il avait à me donner ; aucune nouvelle clé pouvant résoudre l'énigme ne se cachait nulle part, les images défileraient de la même façon, les dialogues ne seraient pas plus explicatifs, le film était figé dans l'espace et dans le temps d'une façon définitive ; j'étais donc devant un mur infranchissable. Je n'arriverais jamais à trouver tout seul. J'avais besoin qu'on m'explique. Qu'on m'explique surtout pourquoi c'était Alexandro et non pas Maria qui attirait de plus en plus mon attention. C'est son problème à lui, sa frustration à lui qui m'intéressait maintenant. Je savais Maria condamnée mais je voulais savoir pourquoi et c'est à travers Alexandro que se trouvait la solution, j'en étais convaincu. Alors je me concentrais sur lui, si mal décrit dans le film, si peu humain, presque un animal à qui on refusait ce qu'il croyait lui être dû. J'écoutais chacune de ses paroles, je guettais chacun de ses gestes, j'essayais de devenir lui pour pouvoir lire dans sa tête ou du moins ressentir son... désir ? Je savais qu'on pouvait appeler ça du désir. Mais de quoi ? J'aurais eu envie de me lever dans le cinéma et de hurler : « S'il vous plaît quelqu'un, dites-moé que c'est qu'y y veut, chus en train de devenir fou ! » Encore une fois le film se termina sans que j'en comprenne plus.

Et je crois bien que j'ai pleuré de rage et de frustration pendant toute la quatrième projection. J'étais incapable de sortir de la salle, j'avais atteint un palier de mollesse qui frôlait l'inconscience, j'étais hypnotisé par l'écran où défilaient à intervalles réguliers les mêmes images mystérieuses et irrémédiables que je connaissais désormais par cœur mais qui me semblaient de moins en moins claires. Je pouvais réciter les dialogues en même temps que les personnages, je devinais les plans avant qu'ils n'arrivent, mais je ne répondais plus ni avec mes émotions ni avec mon intelligence.

Devant un problème de mathématiques il m'arrivait de bûcher, par pur entêtement et sûrement aussi par orgueil, jusqu'à ce que je trouve la solution dont je pouvais ensuite dire avec un petit air suffisant qu'elle était facile à trouver, qu'il suffisait d'y penser. Mais là, devant l'écran du cinéma La Scala, je pensais depuis des heures en ayant parfaitement conscience que mon impuissance resterait complète, que la solution à mon problème était hors de ma portée, et je mourais de honte.

À la quatrième mort de Maria Goretti, j'eus comme une nausée, quelque chose qui ressemblait au dégoût que je ressentais parfois, le soir, quand je venais de terminer mon dessert et que ma mère apportait à mon frère Bernard l'énorme steak qui était la récompense de sa dure journée de travail.

J'avais un trop-plein de cinéma et j'étais au bord de vomir.

Je me suis retrouvé dans la rue Papineau sans y avoir pensé, sans même l'avoir voulu, étourdi, nauséeux. Je n'avais pas de montre mais je savais qu'il était tard et que mes soucis étaient loin d'être terminés. La rue Papineau avait pris une teinte ambrée dans ce début de coucher de soleil, quelques néons étaient déjà allumés, les Italiens qui nous ressemblaient tant avaient même commencé à s'installer comme nous sur leur balcon pour attraper le peu de frais qui s'adonnait à passer par là.

Un tramway arrivait dans la bonne direction. Je plongeai ma main dans ma poche. Il me restait une pièce de dix cents. Le prix d'un billet pour un enfant était de cinq cents. Et une chose absolument étonnante se produisit. Était-ce de la vraie timidité ou seulement de la fatigue, je ne le saurai jamais, mais il m'apparut absolument impossible, au-dessus de mes forces, hors de ma portée de demander de la monnaie au conducteur de tramway, moi habituellement si débrouillard. J'avais une pièce de dix cents, c'était une pièce de cinq cents qu'il me fallait et je ne savais absolument pas quoi faire. Je savais que je serais incapable de tendre mon dix cents au conducteur, de lui parler, de lui expliquer, de m'exprimer, de...

Il ne m'est même pas venu à l'esprit que je pouvais jeter le dix cents dans la boîte en faisant le grand seigneur !

Alors j'ai couru. Comme un fou. De Papineau et Beaubien jusqu'à Fabre et Gilford. Sans jamais m'arrêter. Enfin, je ne me souviens pas de m'être arrêté. Deux, trois tramways m'ont dépassé. J'ai eu un peu peur sous le viaduc et ma nausée me reprit parce que ça sentait le pipi séché. Ce dont je me souviens surtout, c'est de la douleur qui me déchirait la poitrine quand je suis arrivé au pied de l'escalier de notre maison. Et de l'absolue certitude que j'allais passer l'une des pires soirées de ma vie. Et que je ne le méritais pas.

Avant d'entrer dans la maison j'ai collé mon oreille sur la fente, dans le bas de la porte, qui servait de boîte aux lettres. Ma mère parlait au téléphone. Très fort. Il était question de moi. La police ! Elle parlait probablement à la police ! Il ne fallait pas qu'ils sachent. Mon désarroi. Ma frustration. Mon manque d'intelligence. Parce que j'étais un épais, j'en étais désormais convaincu.

Ça sentait bon par la fente dans la porte. J'avais tellement faim ! Mais comment ne pas passer sous la table ? Il fallait minimiser toute cette affaire... Je décidai d'utiliser la flatterie et la désinvolture.

Et tout ce que ça m'a rapporté, c'est une joue enflée, un estomac creux (malgré l'insignifiante soupe au poulet Campbell apportée en grande cachette par ma mère vers neuf heures) et une nuit passée dans l'angoisse de me réveiller le lendemain matin encore plus épais que je ne l'étais déjà...

Je n'ai pas percé le secret de Maria Goretti avant un bon bout de temps et, plus tard, à l'école, lorsque j'ai entendu pour la première fois la farce plate à son sujet : « Celle qui a dit non parce qu'elle n'avait pas compris la question », je me suis senti personnellement visé !

*LA PARADE DES SOLDATS DE BOIS*

J'ai un peu honte de mon premier vrai fantasme sexuel cinématographique. J'ai revu il y a quelques années le personnage en question dans le film en question et j'ai eu un choc : comment avais-je pu me pâmer à ce point sur un être aussi insignifiant, aussi dépourvu de sex-appeal et, ne ménageons pas les mots, aussi laid ? Est-ce que tout ça, en fin de compte, l'émoi ressenti dès la première séquence, le trouble de découvrir que c'est le mauvais personnage qu'on a élu, la terrible et merveilleuse sensation d'abandon quand on se laisse aller selon son cœur et non pas selon sa raison (ou, plutôt, celle des autres), ne dépendait pas plus du moment particulier de ma vie que je traversais que de l'objet même de mon désir ? N'importe qui d'autre n'aurait-il pas aussi fait l'affaire tout simplement parce que moi, à cet instant de mon existence, à l'orée de l'adolescence, j'étais prêt pour la passion ?

Aujourd'hui j'en ris parce que tout ça s'est passé il y a plus de trente-cinq ans, mais j'ai longtemps été hanté par cet après-midi d'été où j'ai découvert que je n'étais vraiment pas comme les autres, qu'il fallait que je l'accepte et, surtout, que je le vive. En 1955, fallait le faire !

Nous étions depuis quelques années installés sur la rue Cartier, au 4505, juste au coin de Mont-Royal, au-dessus d'une pharmacie qui existe encore mais qui porte aujourd'hui un nom vietnamien. Ma tante Robertine était partie de son côté avec son fils Claude, Hélène était mariée, les deux frères de mon père qui avaient si longtemps « chambré » sur la rue Fabre s'étaient loué quelque chose pas loin, nous avions donc un appartement pour nous tout seuls : mon père et ma mère occupaient la chambre du milieu, vaste et bien éclairée, mes deux frères et moi la pièce double qui donnait sur la rue Mont-Royal et sur le balcon en coin, et monsieur Migneault, dont j'ai déjà parlé et qui nous aidait à payer le loyer, avait hérité de l'ancienne chambre de ma tante. située tout de suite à la droite de l'entrée.

Ma mère était très heureuse ; plus de promiscuité, ses deux fils aînés, l'orgueil de sa vie, gagnaient très bien leur vie, mon père, malgré sa surdité grandissante, travaillait encore, le petit dernier, arrivé si tard mais qu'elle avait tant désiré, promettait. Elle savait que j'écrivais. Elle ne savait pas quoi et ne demandait jamais à lire quoi que ce soit, mais je crois bien qu'elle était contente d'avoir quelqu'un dans la famille qui se destinait à la littérature (en autant qu'on puisse prendre au sérieux le rêve d'un enfant qui a une forte tendance à l'exaltation, mais je crois bien que c'était son cas).

J'étais de plus en plus fou de cinéma, presque plus que de littérature. Je dévorais tout ce qui passait à la télévision, je continuais à courir les « spectacles pour toute la famille » aux quatre coins de Montréal, du Regent sur avenue du Parc au coin de Laurier, au Westmount, dans le quartier du même nom et du Snowdon que j'avais toujours beaucoup de difficulté à trouver aux cinémas de la rue Sainte-Catherine que je trouvais si beaux, si impressionnants ; j'avais ajouté aux matinées du samedi de la salle paroissiale Saint-Stanislas les soirées du vendredi de l'église Saint-Dominique, la paroisse anglaise catholique, rue Delorimier. J'étais bon en anglais parce que je voyais beaucoup de films américains et je pouvais facilement contrefaire l'accent français à cause d'un talent de mimétisme que j'ai perdu depuis. Ma mère et moi étions fous de Jean Marais, de Georges Guétary (eh oui !), d'Edwige Feuillère, de Blanchette Brunoy, de Jean Tissier, d'Annabella, de Fernandel et de Milly Mathis, ma favorite parce qu'elle ressemblait justement un peu à ma mère. Je pouvais prendre l'accent marseillais d'Orane Demazis dans *Marius* pour demander de l'argent à mon père pour aller aux vues et l'accent parisien mouillé de Renée Saint-Cyr pour dire à ma mère que je ne voulais pas de patates.

Ce samedi-là, on annonçait un film de Laurel et Hardy (que nous appelions tous Aurel et Hardy, je n'ai jamais su pourquoi), *La parade des soldats de bois*, adaptation très libre de *Babes in Toyland*, une opérette de Sigmund Romberg revue et corrigée pour les deux grands comiques. Ai-je besoin d'ajouter que j'étais fou de Laurel et Hardy, de leur sens de l'absurde et surtout de l'air pataud du gros Hardy quand il jouait avec sa cravate après avoir fait une gaffe ? Je suis presque mort de rire à les regarder monter un piano dans un escalier pendant toute la durée d'un film d'une demi-heure ; j'ai hurlé de joie quand ils essayaient de réparer le moteur du bateau, dans *Atoll K*, leur dernier film, avec Suzy Delair ; je les avais aidés à lancer la grosse bombe, dans *Le grand boum*, que j'avais vu à la salle Saint-Stanislas au milieu d'un délire indescriptible d'enfants ravis ; je me faisais donc une joie de les retrouver dans un film sur les contes de ma mère l'Oye. Un film avec des chansons, en plus !

J'avais vu très peu de comédies musicales mais j'aimais déjà beaucoup l'espèce d'absurdité qui envahissait l'écran quand les personnages, souvent des gens de la vie ordinaire, se mettaient à chanter et à danser au milieu d'une conversation, en plein quotidien. J'allais développer un peu plus tard une véritable passion pour des films comme *Pajama Game* ou *Damn Yankees* dans lesquels les ouvriers d'une manufacture de pyjamas pour le premier et des joueurs de baseball pour le deuxième, se lançaient dans d'énormes numéros de production pour un oui ou pour un non, transformant un pique-nique en un ballet bariolé et explosant d'énergie et un champ de baseball en un lieu où, chose absolument étonnante, des hommes en uniforme, juste avant une partie importante, se mettaient à danser entre eux !

Le cinéma Champlain venait d'être refait à neuf et je n'en croyais pas mes yeux : nous avions maintenant dans l'est une salle aussi belle et encore plus moderne que le Palace, le Loew's ou le Capitol, orgueil de l'ouest et où la projection, nous disait-on dans les journaux, était la plus parfaite au monde. J'étais convaincu que la projection, au Champlain, serait encore plus parfaite et que les Anglais, ô naïveté ! ô innocence ! viendraient jusqu'au coin de Sainte-Catherine et Papineau pour voir ça...

Le tapis, épais et moelleux, représentait un entrelacs de palmes ou de feuilles d'acanthe dans des tons de rouge, de doré et de gris, et j'osais à peine marcher dessus, m'accrochant avec un soin particulier à mon sac de chips et à mon coke pendant que je cherchais une place. Ça sentait le neuf parce que les murs couverts de tentures dorées et le si beau tapis n'avaient pas encore eu le temps de s'imprégner de l'odeur insistante et un peu écœurante du pop corn chaud imbibé de beurre fondu. En fait, ça ne sentait pas du tout le cinéma et j'étais un peu décontenancé.

Malheureusement tourné en noir et blanc (j'étais déjà gravement atteint du virus du Technicolor), le film commençait quand même assez bien : la femme qui habitait dans une bottine avec une trâlée d'enfants bruyants ne pouvant pas payer son loyer, le propriétaire, le méchant monsieur

Barnabé, cape virevoltante, petite moustache hypocrite et chapeau haut-de-forme, enfin bref, le chien sale dans toute sa splendeur, demandait en toute simplicité d'être payé en nature (ce n'était pas dit de cette façon-là, on n'était pas dans un mélodrame avec Joan Crawford, mais c'est comme ça qu'il fallait le comprendre) : si la fille de sa locataire, la blondinette frisée dans un costume de bergère, acceptait de devenir sa femme, il se ferait un plaisir d'effacer la dette de la mère. Sinon : l'argent. Demain matin.

Comme tous les enfants présents et une bonne partie des parents aussi, j'étais révolté. Je ne pouvais cependant pas extérioriser mon écœurement en criant et en lançant du pop corn et des chips vers l'écran comme le faisaient les autres parce que je n'étais pas accompagné et que j'avais peur d'avoir l'air fou si je me mettais à gesticuler tout seul dans mon coin. Je comprimais donc ma colère et ma frustration en engouffrant un peu trop vite mes chips ramollies par une grande gorgée de coke froid.

Stanley et Oliver, ceux qu'on n'attendait plus tant l'action était passionnante, arrivèrent heureusement à la rescousse et chassèrent le méchant monsieur Barnabé dans une scène absolument désopilante au cours de laquelle ils jouaient au golf avec des toupies en guise de balles qu'ils dirigeaient contre le propriétaire de la bottine. Ce dernier se sauvait comme un rat après avoir proféré les menaces de circonstance. La bataille était gagnée mais pas la guerre, monsieur Barnabé allait sûrement revenir réclamer son dû comme il l'avait si bien dit. Tous les personnages étaient bien déprimés.

Puis cette chose absolument inattendue et qui allait changer ma vie se produisit. La jeune bergère blonde et frisée, on aura deviné que c'était la fameuse Little Bo-Peep, avait en plus de tout le reste perdu ses moutons et en était inconsolable (ça allait vraiment très mal pour elle : elle risquait de finir dans le lit d'un vieux radin moustachu et se retrouvait sans job). Elle se réfugiait donc au bord d'un ruisseau qui coulait au fond d'un ravin pour pleurer et Tom-Tom, le beau du boute et en quelque sorte son cavalier, venait la consoler.

Aussitôt que je l'ai vu descendre le sentier pour venir rejoindre sa fiancée, j'ai senti comme un malaise. Je me suis dit que c'était probablement parce que son costume ressemblait à celui de Peter Pan à qui je vouais une grande passion depuis ma petite enfance : un justaucorps qu'on devinait vert, des pantalons collants de danseur de ballet et le chapeau à plumes coquettement posé sur le côté de la tête. Mais je n'en étais pas convaincu. Quelque chose en lui attirait mon attention mais je n'arrivais pas à savoir quoi. Son sourire, peut-être, très beau ; sûrement sa fragilité, parce qu'on sentait que lui aussi sortait à peine de l'enfance et que les choses de l'amour n'étaient pas très simples pour lui.

Avec une moustache il aurait été Robin des Bois et j'aurais probablement été sauvé pour quelque temps encore ; sans moustache il était Peter Pan et j'étais condamné à une vérité que je ne recherchais pas du tout.

Je n'écoutais plus ce qu'ils disaient ni l'un ni l'autre, j'avais perdu le fil de l'histoire, je trouvais toutes les raisons du monde de le regarder, lui, sans comprendre le trouble qui coulait en moi, cette sensation de vertige quand il souriait en s'approchant un peu trop près d'elle, cette conviction que je venais, au moment même de son arrivée, de perdre et de gagner quelque chose de mystérieux, de précieux, de terrible. Il s'était assis à côté d'elle au bord du ruisseau, il la consolait ; un plan rapproché nous les montrait tous les deux troublés, timides ; on savait ce qu'ils voulaient, on le voulait aussi mais la chose se faisait attendre. Ils se décidaient enfin.

Chantaient-ils ? Probablement, c'était une opérette. Mais je ne le remarquais même pas, absorbé, hypnotisé, anéanti à l'avance par la révélation que j'allais avoir. Parce que je savais que s'ils s'embrassaient mon existence allait changer pour toujours. Ils se regardaient, leurs têtes se rapprochaient lentement, leurs lèvres se frôlaient à peine, mais on pouvait quand même appeler ça un baiser... et pour la première fois de ma vie j'ai pleinement pris conscience que j'aurais voulu être à sa place à elle !

Des souvenirs enfouis dans un recoin de ma mémoire que je n'explorais jamais me revinrent alors à l'esprit et je sus que ce moment-là n'était pas vraiment une révélation, qu'il se préparait depuis très longtemps, patiemment, attendant pour se manifester que le petit garçon que j'étais soit sur le point de se transformer en grande personne.

* * *

Quand mes frères ou mes cousines ne pouvaient pas ou ne voulaient pas me garder, le samedi soir, pendant ma petite enfance, mes parents étaient obligés de me traîner avec eux. Ils jouaient aux cartes soit chez ma tante Marguerite, la sœur de mon père, soit chez ma tante Jeanne, une cousine éloignée elle aussi de son côté à lui, soit chez ma grand-mère Maria, la mère de ma mère, déjà très âgée à l'époque, personnage haut en couleur, indienne Cree francophone de Saskatoon, et fière de l'être, mal embouchée par pur plaisir de provoquer, drôle, farceuse, mais dont la turbulence échevelée me faisait un peu peur. Quand elle me voyait arriver, elle lançait invariablement : « Tiens, le dernier péché de ma fille ! », m'embrassait bruyamment, m'ébouriffait les cheveux et m'oubliait pour le reste de la soirée. Je détestais être le dernier péché de ma mère même si j'ignorais ce que ça voulait dire.

Elle flirtait honteusement avec mon père dont elle disait qu'elle l'avait toujours trouvé de son goût. Elle criait à qui voulait l'entendre que sa fille était bien chanceuse et qu'elle-même se contenterait volontiers de certains restants, certains soirs. Tout le monde riait, cré Maria, est-tu folle, sauf ma mère qui disait en rougissant : « Voyons donc, moman, devant le monde ! », et sa mère lui répondait : « C'qu'on peut pus faire parce qu'on est trop vieux, ma p'tite fille, on en rit, ça soulage ! » Elle embrassait bruyamment mon père, faisait semblant de perdre connaissance dans ses bras puis criait : « Passons aux choses sérieuses, sortez votre argent que je vous lave, mes maudits ! »

Jouer aux cartes était effectivement une affaire sérieuse et ils s'y mettaient rapidement, avec une espèce de passion assez belle à voir. Ils s'installaient à la vieille table de bois très tôt et s'en retiraient très tard, un peu hagards, surexcités d'avoir gagné ou perdu quatre piasses et vingt-cinq, fripés, heureux. Je les avais entendus hurler toute la soirée : « La plus p'tite dans le trou ! », « La pisseuse ! », « Trois fois passera ! », « Baseball », formules énigmatiques et drôles qui me rappelaient plus une salle de récréation d'école primaire qu'un rassemblement de grandes personnes. Il était deux ou trois heures du matin et je dormais depuis longtemps sur un fauteuil ou enfoui sous les manteaux de tout le monde dans le lit de ma grand-mère qui sentait toujours le camphre, hiver comme été. Mes parents me réveillaient, je pleurnichais, ma mère disait : « Y'était encore en train de regarder des revues quand y s'est endormi ! J'me demande c'qu'y peut ben trouver là-dedans... »

En fait, je ne regardais pas les revues en question, je partais à la chasse aux annonces de dentifrice Ipana devant lesquelles je rêvassais pendant des heures en essayant de percer le secret qu'elles recelaient. C'est ce souvenir qui me revenait à l'esprit pendant que je regardais Little Bo-Peep et Tom-Tom s'embrasser si candidement.

Ces annonces étaient à peu près tout le temps les mêmes : un homme et une femme tout en dents saines et nombreuses se regardaient en souriant et ils étaient sur le point de s'embrasser. Ils n'étaient jamais très jeunes mais toujours très beaux. Mais cette image de plaisir imminent cachait un secret qui m'était destiné, je l'avais compris très tôt. Je pouvais rester figé devant ces annonces pendant de longues minutes, me fondre en elles, m'hypnotiser moi-même à force de les scruter, *devenir* elles sans jamais pouvoir comprendre pourquoi et je m'endormais d'épuisement, invariablement frustré d'être encore une fois passé à côté de la solution.

* * *

Cette solution venait de me sauter aux yeux au cinéma Champlain, au beau milieu d'une opérette en noir et blanc, devant un acteur tout à fait insignifiant, trop maquillé et dont la bouche était couverte d'un rouge à lèvres qui paraissait noir, et j'en étais grandement perturbé. C'était donc ça... tout ce temps-là, il aurait suffi que je fasse un simple transfert, que je m'imagine être à la place de la femme pour saisir la clé de l'énigme ! Parce que je ne voulais pas *être* la femme, je voulais seulement être à sa place dans les bras de Tom-Tom ou du gars avec trop de dents.

Je ne sais pas si je pourrais dire que j'étais étonné ; ce n'était pas tant de l'étonnement que quelque chose qui ressemblait à du fatalisme : je savais que cela allait arriver, je l'avais toujours su, je ne voulais pas le savoir, je me le cachais pour ne pas avoir à y faire face... Mais voilà, ça y était, c'était officiel et il fallait l'affronter !

Je n'ai pas besoin d'ajouter que je n'ai gardé qu'un très vague souvenir du reste du film : je me rappelle qu'on plongeait Laurel et Hardy dans un bassin après les avoir attachés sur des espèces de balançoires, que des soldats de bois, des centaines je crois, venaient à la rescousse de tout le monde à la fin du film, que Barnabé était puni, la femme qui vivait dans une bottine vengée, les amoureux réunis, Laurel et Hardy heureux. Et les autres enfants dans la salle ravis. Mais tout ça était imprécis, comme un rêve dont on n'arrive à se rappeler que des bribes, et d'une telle banalité à côté de ce que je venais de découvrir !

Je suis sorti du cinéma assommé. Mais pour une fois c'était pour des raisons qui n'avaient aucun rapport avec ce que je venais de voir.

* * *

J'ai remonté la rue Papineau à pied. Même la divine odeur de la boulangerie Weston n'a pas réussi à me tirer de ma torpeur. J'ai grimpé la côte Sherbrooke sans trop m'en rendre compte et je me suis retrouvé dans le parc Lafontaine. On venait d'installer les bancs repeints en vert brillant depuis l'automne précédent, les écriteaux « Ne passez pas sur le gazon – Do not trespass » avaient poussé comme des champignons, ça sentait le gazon fraîchement coupé. Je me suis installé juste en face de l'hôpital Notre-Dame où je suis né et, comme toujours, j'ai cherché la fenêtre de la chambre qu'avait occupée ma mère à ma naissance, enfin celle qu'elle m'avait montrée pendant une promenade en me disant que c'était là que j'étais venu au monde. Je m'étais bien sûr empressé de la croire. C'était juste au-dessus de la porte principale, un peu à droite, une fenêtre facile à reconnaître et que je retrouve encore automatiquement, sans avoir à la chercher, chaque fois que je passe devant l'hôpital Notre-Dame.

J'ai appuyé la tête sur le dossier du banc et je me suis très sérieusement demandé ce qui n'avait pas marché ce jour-là, dans cette chambre-là, pour faire de moi ce que j'étais. C'est-à-dire que je ne savais pas encore tout à fait ce que j'étais. Je savais que j'aurais voulu être à la place de Little Bo-Peep et à celle des madames dans les annonces de dentifrice Ipana quand elles embrassaient leur cavalier mais ce que ça faisait vraiment de moi, je l'ignorais. Et le reste, comment on vit ça, comment on *pratique* ça, où et avec qui, je n'en avais aucune idée non plus et je me doutais que l'apprentissage serait plutôt difficile, sinon impossible.

Parce qu'en fin de compte la chose elle-même, peut-être à cause de ma grande ignorance des réalités de la sexualité, me terrorisait quand même moins que ses conséquences directes et immédiates sur ma vie. Je ne pouvais pas oublier, je ne pouvais plus faire celui qui ne sait pas, je ne pouvais certainement pas en parler à qui que ce soit dans ma famille ou dans mon entourage, il fallait donc que je garde ça, peut-être pour toujours, comme un nœud dans ma gorge, une chose essentielle pourtant, un secret important qu'on voudrait partager mais qu'il faut étouffer en soi, réprimer à tout prix pour ne pas être renié, chassé, maudit. Maudit, ça je savais que je le serais si la chose arrivait à s'ébruiter, et par tout le monde, et probablement avec raison ! Comment peut-on rêver sans être fou d'être dans les bras d'un homme qui vient de se brosser les dents avec du dentifrice Ipana ?

Existait-il quelqu'un d'autre comme moi sur la rue Fabre, un de mes amis, ou un compagnon de classe avec qui partager ce si lourd secret ? Comment le savoir ? Comment en parler ? Et comment... Je revoyais Jean-Paul Jodoin et Roger Beausoleil, mes amis de la rue Fabre que je continuais à fréquenter et qui commençaient à reluquer sérieusement les filles... De quoi allais-je parler avec eux ? De Tom-Tom, de ses collants de danseur de ballet et de son chapeau à plumes ? Et mon nouvel ami Réal Bastien que j'aimais tant et qui se promenait partout avec une photo de Lucille Ball qu'il montrait à tout le monde en disant qu'il n'y avait rien de plus beau au monde qu'une rousse...

Et qu'est-ce que tout ça voulait dire ! Qu'est-ce que c'était, au juste ? Une maladie attrapée à la naissance, un détournement produit par la société, un goût qui se développe à votre insu à cause de... à cause d'une... à cause de quoi ? Je connaissais le mot pour décrire tout ça, j'en connaissais même plusieurs, tous plus laids et ridicules les uns que les autres, des expressions qu'on employait pour exprimer la moquerie, le dégoût, le mépris. Mais c'est tout. Des mots.

J'étais devant un mur. Je n'avais aucune réponse aux milliers de questions qui m'assaillaient. Je voulais mourir. Très sérieusement. Juste devant la chambre où j'étais né. Mourir pour effacer tout ça. Pour éviter d'avoir à le comprendre et, surtout, à le vivre.

Je me suis plié en deux. J'ai pleuré. Longtemps. La morve me coulait du nez, je l'essuyais avec mon bras, je pressais mes mains sur mes yeux pour écraser les larmes, je savais que j'étais barbouillé, bouffi, que ma mère me poserait des questions quand j'arriverais à la maison... Pour la première fois j'eus l'impression d'être tout seul au milieu du monde, une expression que je reprendrais souvent, plus tard, quand je commencerais à écrire pour me soulager, me confesser, me purger d'un secret trop grand pour moi et que je mettrais encore plus tard dans la bouche de mes personnages pour exprimer l'impuissance.

Impuissant à comprendre non seulement ce qui m'arrivait mais qui j'étais et comment j'arriverais à le vivre pour le reste de mes jours, fatigué, déprimé, je suis rentré à la maison en m'accordant quand même la permission de rêver à Tom-Tom, à son sourire, à sa fragilité qui devait sûrement ressembler à la mienne... Piètre soulagement dans les circonstances, mais soulagement quand même. J'étais assis au bord du ruisseau... j'avais perdu mes moutons... je pleurais... j'entendais un bruit de pas derrière moi...

*CŒUR DE MAMAN*

Il y avait très peu de films québécois (on les appelait encore canadiens) dans mon enfance et j'étais trop jeune pour aller les voir.

Je me souviens vaguement avoir entendu ma mère et ma tante Robertine parler de *Tit-Coq*. Ce qui avait le plus frappé ma tante, dans ce film, c'était la présence du chat dans la scène du souper, au début, et la scène finale, à la gare, qui avait l'air « d'une vraie fin de vue française ». Et elles étaient d'accord pour dire que « nos acteurs sont aussi bons que les acteurs de France, pis en France, des Gratien Gélinas, y'en ont pas ! » Je me souviens aussi de les avoir entendues discuter de *L'esprit du mal*, où Denyse Saint-Pierre, la si belle, la si douce Denyse Saint-Pierre, jouait le rôle d'une méchante qui, je crois, était atteinte d'une maladie vénérienne, mais je n'en suis pas sûr, peut-être que je mêle ce film avec la fameuse pièce de Paul Gury subtilement intitulée *Le mortel baiser*, immortalisée par Roger Garceau et dans laquelle, pour suggérer les dégâts de la syphilis, on l'affublait d'un masque d'Halloween qui effrayait les spectateurs et les écœurait peut-être de baiser à tout jamais.

Ma famille, en tout cas les jeunes, mes frères et mes cousines, et les hommes, mon père et ses deux frères, Fernand et Gérard, était plus attirée par le cinéma américain que par le cinéma français, si je me rappelle bien ; en tout cas, j'entendais plus parler de Susan Hayward et de Tyrone Power que de Michèle Morgan et d'Henri Vidal. Du moins jusqu'à l'arrivée de la télévision, alors que ma mère et ma tante se jetèrent littéralement sur tout ce qui s'appelait film français, sérieux ou pas, tragique ou mélodramatique, musical ou non, pour enfin tromper leur ennui de femmes dont les enfants grandissent et qui voient avec effroi venir la fin de leur règne. Les films américains avaient été leur rêve ; les films français furent leur refuge.

Pour ce qui est des films « canadiens », il fallait un événement comme *Tit-Coq* pour décider ma famille à se déplacer ; en tout cas ma mère et ma tante. Elles n'étaient pas allées voir *Un homme et son péché* ni *Séraphin* parce qu'écouter l'émission de radio leur suffisait (de toute façon, ma mère disait toujours que la voix d'Hector Charland lui donnait envie de se débloquer la gorge) ; elles avaient manqué *Le rossignol et les cloches* parce que Nicole Germain énervait ma mère, qu'elle la trouvait snob et froide ; pour rien au monde elles n'auraient pris la peine de dépenser de l'argent pour *Le grand Bill* : ma tante Robertine n'aimait pas beaucoup rire, au cinéma, elle disait qu'elle allait aux vues animées pour pleurer et que si elle ne pleurait pas, elle avait gaspillé son argent.

Mon premier film québécois fut donc *Cœur de maman*, tiré d'une pièce qui avait déjà triomphé sur toutes les scènes du Québec et qui mettait en vedette l'une des grandes spécialistes du mélodrame pleurnichard : Jeanne Demons.

Avant de parler du film lui-même, je dois avouer que j'étais jaloux d'Yvonne Laflamme parce qu'elle avait mon âge et qu'elle faisait déjà du cinéma. Je regardais ses photos dans *Radiomonde* et je me demandais ce qu'elle pouvait bien avoir de plus que moi à part le fait d'être une fille... *Aurore, la petite enfant martyre* l'avait consacrée, c'était désormais l'enfant fétiche du Québec (comme le disait si bien ma mère : « C'est vrai qu'on a envie de la battre, pour mieux la consoler après... ») et tous ceux qui l'avaient vue manger une beurrée de savon, se faire rôtir les mains sur le poêle et griller la joue avec un fer à repasser, se demandaient quels tourments pouvaient bien l'attendre dans *Cœur de maman*.

J'étais convaincu de pouvoir moi aussi jouer les enfants maltraités et il m'arrivait certains matins (je jure que c'est vrai) de foxer l'école pour aller me poster à la porte de Radio-Canada, au coin de Dorchester et Bishop, au cas où « ils » auraient un urgent besoin de jeune talent vierge... Je voyais déjà la scène : Gaétane Laniel, qui jouait tous les rôles de petits garçons à la radio, tombait malade, « ils » avaient besoin de quelqu'un pour la remplacer dans *Jeunesse dorée* ou n'importe quel autre roman fleuve, « ils » sortaient des studios complètement désespérés... et j'étais là, au coin de la rue, libre et disponible. Je leur disais : « Vous avez besoin de quelqu'un ? » « Ils » répondaient : « Oui, oui, vite, montez (bien sûr, « ils » me vous-soyaient !), on vous attend dans le studio, il est presque midi, *Les joyeux troubadours* achèvent, les acteurs de *Jeunesse dorée* vous attendent ! » J'étais évidemment génial et « ils » étaient à mes pieds parce que je leur avais sauvé la vie. Plus de Gaétane Laniel, vive Michel Rathier (le nom de ma mère, que j'avais depuis longtemps choisi comme mon nom d'artiste... ça, ou Michel d'Entremont, à cause du pianiste Philippe Entremont... la particule, c'était pour faire plus chic, moins Plateau Mont-Royal).

Et quand j'avais vu Yvonne Laflamme jouer un petit page dans *Antigone* d'Anouilh, à la télévision, aux côtés de Thérèse Cadorette et Jean Gascon, j'avais trouvé qu'« ils » manquaient vraiment de jugement. Faire jouer un rôle muet de garçon par une fille ! Franchement ! Je n'arrivais pas à croire qu'« ils » n'avaient pas réussi à trouver un petit garçon qui pouvait se tenir à l'attention à côté de Créon pendant que celui-ci criait des bêtises à sa nièce ! « Ils » n'avaient qu'à m'appeler ! En attendant, c'était elle la vedette, le temps passait et je n'aurais bientôt plus l'âge des enfants martyrs et des petits pages pour pièces françaises !

Yvonne Laflamme jouait donc dans *Cœur de maman*. Comme c'était un « spectacle pour toute la famille », je décidai d'aller voir de quoi elle avait vraiment l'air.

*Cœur de maman* passait au Saint-Denis nouvellement renouvelé (c'était quelques années avant la réfection du Champlain) et tout le monde me parlait de cette salle comme d'un endroit d'une incroyable richesse où les sièges *s'enfonçaient tout seuls* quand on s'assoyait dedans ! J'imaginais un profond sofa de velours sur lequel je pourrais m'évacher comme je le faisais devant la télévision, sur trois chaises de cuisine.

En fait, ils ne s'enfonçaient pas, ils glissaient vers l'arrière et j'eus l'impression d'être couché sur le dos devant l'écran, avec une sensation tout à fait désagréable entre les épaules, comme quand on fait de l'exercice physique (ai-je besoin d'ajouter que je haïssais déjà l'exercice physique ?) et que les muscles du cou bloquent en un nœud douloureux. Mais c'était vrai que la salle était magnifique.

Le public, peu nombreux en ce début d'après-midi, était surtout composé de ménagères qui avaient entendu dire que c'était très triste et qui venaient pleurer. Une dame, près de moi, s'assit en disant très fort à sa compagne : « Y paraît que c'est tellement triste qu'on passe à travers au moins trois mouchoirs ! » Et de sortir une pile de mouchoirs blancs bien propres, bien repassés. « En veux-tu un ? Tiens, prends-en donc deux, on sait jamais... » « Non, non, laisse faire, j'ai les miens... »

Ce qui me frappa d'abord dans *Cœur de maman*, ce fut la pauvreté de la musique. Habitué au magma sirupeux et souvent tonitruant des films américains et français, je fus étonné puis irrité par l'orgue poussif qui ponctuait chaque action dramatique d'une façon vraiment peu subtile. Il était tellement présent que j'étais convaincu qu'il était caché dans un coin du décor et qu'on allait finir par le voir. Léo Lesieur se rendrait compte qu'il était dans l'image et se pencherait brusquement, comme les techniciens, à la télévision, quand ils se retrouvent par inadvertance devant une caméra. (Je me souviendrai toujours du téléthéâtre *L'éventail de Lady Windermere* d'Oscar Wilde, vers la fin des années cinquante : Londres, à la fin du siècle dernier. Monique Lepage attend des visiteurs. On les annonce. Elle se dirige vers les portes de son salon, les ouvre. Et trouve le régisseur, figé sur place, les écouteurs sur la tête, l'air plutôt ahuri.) Mais j'ai vite oublié l'affreuse musique tant je fus pris par « l'excitante » histoire qu'on me racontait.

Le scénario de *Cœur de maman* était digne des plus larmoyants mélodrames italiens de l'époque, avec Amedeo Nazzari et Yvonne Sanson en vedette : une pauvre belle-mère (Jeanne Demons) abusée par sa méchante bru canadienne-anglaise (Roseanna Seaborn), un fils veule et mou (Jean-Paul Kingsley), une adorable petite-fille (devinez qui). Tout ça confit dans une religiosité maladive (le fils et la bru sont des tartuffes propriétaires d'une boutique d'objets pieux) et un sado-masochisme directement hérité de nos plus belles racines judéo-chrétiennes.

La belle-fille était d'emblée présentée comme la méchante dans toute sa splendeur : en plus d'être une Anglaise, elle vendait aux francophones les chapelets dix fois le prix qu'ils valaient, imaginez ! Et avec un accent à couper au couteau ! Mais dès le début du film, dans une séquence que j'avais trouvée très drôle, elle était remise à sa place par une des grandes idoles du Québec de l'époque : Rose Ouellette elle-même. Notre Poune nationale, dans un caméo accueilli par le public par des cris de joie et des rires libérateurs, venait acheter je ne sais plus trop quoi, une statue de la Vierge, je crois, et disait dans son langage vert ce qu'elle pensait d'elle à la méchante Anglaise. Un triomphe ! La dame à côté de moi se mouchait déjà, mais de plaisir.

Sans trop m'étendre sur l'histoire, je dirai que ça tournait autour du fait que l'horrible bru traitait sa douce belle-mère comme une servante : elle la déguisait en bonniche et lui faisait servir le thé (la porteuse d'eau ?) quand venait de la visite, le curé de la paroisse, par exemple, déjà interprété par Paul Desmarteaux qui en ferait plus tard une carrière dans *Les belles histoires des pays d'en haut*. Le curé se prenait d'amitié pour cette pauvre femme sans savoir qu'elle était la mère martyre d'une de ses plus pieuses ouailles, le propriétaire de la boutique d'objets de piété, marguillier, Chevalier de Colomb, manifestement honnête, mais marié à une Anglaise, le traître ! Mais tout finissait par s'arranger parce que la douce Denyse

Saint-Pierre, toujours elle, dans le rôle d'une quelconque nièce, découvrait le pot aux roses avec son ami de cœur, le sémillant Jean-Paul Dugas, allait trouver le futur curé Labelle et lui racontait tout pendant que la pauvre Jeanne Demons, rechassée de chez son fils, essayait de faire du bois de chauffage en roulant en boule du papier journal mouillé qu'elle faisait sécher dans le four ! Ça paraît un peu confus mais nous suivions tout ça avec passion.

Une séquence, en particulier, m'avait beaucoup frappé : Jeanne Demons, qui a été plus tôt bannie de la maison par la méchante Anglaise parce qu'elle a renversé une tasse de thé, revient à la maison comme un chien battu, la petite valise à la main, le petit chapeau de feutre noir posé bien droit sur la tête (on est pauvre, mais on est propre !). Elle est trempée jusqu'aux os parce qu'il pleut très fort. Eh bien, croirez-vous que l'horrible Roseanna Seaborn refuse que sa belle-mère dépose sa valise par terre ? La pauvre femme chevrote, grelotte et titube mais l'Anglaise ne se laisse pas émouvoir et n'arrête pas de lui dire : « Ne pôsay pas votre valise sur le tapis ! » J'étais révolté ! Je me tortillais sur mon banc au milieu des protestations de la salle qui voulait aller lyncher cette écœurante, je voulais m'en aller parce que je la haïssais trop et que j'avais peur de ne pas survivre à ses scélératesses mais je voulais quand même savoir comment ça allait finir... Étant incapable de vraiment couvrir Roseanna Seaborn de bêtises comme elle le méritait parce que j'avais de la difficulté à m'exprimer en public, je me suis contenté de me tourner vers ma voisine qui hurlait à pleins poumons pour lui dire timidement : « Vous avez ben raison ! »

Quand il apprenait la vérité, le curé humiliait Roseanna Seaborn au cours d'une séquence qui provoquait dans le public une crise d'hystérie collective comme j'en ai rarement vu au cinéma : des « Horrays » bien sentis s'élevaient de partout, des applaudissements, même quelques sifflets. Un vent patriotique soufflait sur la salle, l'Anglais était enfin remis à sa place, banni, maudit !

L'Anglaise humiliée, l'honnête fils confessait ses fautes, sa faiblesse (moi, à la place de Jeanne Demons, j'y aurais maudit un coup de pelle derrière la tête !), demandait pardon à sa mère qui le lui accordait, la niaiseuse, et tout se terminait par Yvonne Laflamme (blessée à la tête, plus tôt, par la faute de sa mère, un autre méandre du scénario !) qui interprétait la chanson titre : « Cœur de maman, plein de tendresse, nous vous aimons ! » dans l'euphorie générale et toujours accompagnée par l'orgue de Léo Lesieur.

Comme le reste du public, j'avais marché à cent milles à l'heure pendant tout le film, essuyant mon nez qui coulait et les larmes qui sillonnaient mes joues sur la manche de ma chemisette d'été, trouvant Jean-Paul Kingsley bien trou de cul, Jeanne Demons vraiment trop bonne, me retenant pour ne pas crier des bêtises à la méchante, au contraire de ma voisine qui ne se gênait pas, elle, pour se lever et hurler à tout bout de champ : « Maudite vache ! », « Maudite écœurante ! » et autres gentillesses du genre. Elle tordait littéralement ses mouchoirs humides de larmes et faisait souvent le geste de frapper l'écran comme si elle lui en voulait personnellement de la faire pleurer comme ça.

Quant à Yvonne Laflamme, à mon grand désespoir elle était excellente. Mignonne, juste, pas trop mélodramatique (à l'opposé de Jeanne Demons qui, elle, en mettait des tonnes, puis en remettait encore, dans le genre souffreteuse qui aime tellement souffrir qu'on finit par avoir envie de la battre) et chantait sa chanson de la fin très joliment, avec un naturel désarmant. Sa présence dans le film était rafraîchissante. Tout le contraire de la monstrueuse Shirley Temple que je n'ai jamais pu supporter et dont ma mère disait toujours : « Est tellement belle que j'la mordrais jusqu'au sang ! »

J'ai quitté le cinéma soulagé que Roseanna Seaborn soit punie. Je pense même qu'elle mourait dans un accident de voiture (ma mère et ma tante auraient encore dit que « la morale est bonne »), probablement pour laisser la place à une vraie mère québécoise dans la vie de son si excitant mari. Mais j'étais bien déprimé d'avoir trouvé Yvonne Laflamme si bonne. Avec ce talent-là, elle pourrait continuer à jouer les petites filles *et même les petits garçons* pendant un bon bout de temps pendant que moi je sécherais de jalousie au coin de Dorchester et Bishop. Je savais maintenant qu'« ils » ne sortiraient jamais sur le trottoir de Radio-Canada en courant comme des poules avec la tête coupée, à la recherche d'un grand talent : Yvonne Laflamme prendrait la relève de Gaétane Laniel !

Arrivé à la maison, j'ai tout de suite couru vers ma tante Robertine qui sortait le plat d'eau de sous la glacière.

« Sors tes cents, Tartie, pis va au Saint-Denis ! J'te dis que tu le regretteras pas ! »

*VINGT MILLE LIEUES SOUS LES MERS*

Ce récit concerne un film que je n'ai pas vu à Montréal à sa sortie. Voici pourquoi.

Comme tous les petits Nord-Américains des années cinquante, je regardais religieusement chaque semaine l'émission de Walt Disney à la télévision. J'avais acheté le casque en raccoon avec la queue qui me traînait dans le cou et je suivais passionnément les aventures de Davy Crockett tout en chantant la maudite chanson qui faisait tant sacrer nos parents ; vêtu du costume de Zorro et plus brave derrière ma moustache collée, je dessinais pendant des heures des Z avec mon épée en broche au bout de caoutchouc ; je rêvais au jour où Disneyland ouvrirait enfin ses portes (où que soit située la Californie, j'irais !) ; je suivais avec passion l'épanouissement des fleurs grâce à un nouveau procédé inventé par les bonnes fées de mon idole et qui permettait de montrer en quelques secondes ce qui prenait des minutes, des heures, des jours à se produire : les roses poussaient au son de « La valse des fleurs », de Tchaïkovski et le soleil se couchait comme une orange qui tombe dans la mer.

Et pendant toute une saison, Walt Disney m'a tenu en haleine avec le tournage d'un film qui promettait des images et des aventures comme on n'en avait jamais vues, c'est lui qui le disait, il devait le savoir : *Vingt mille lieues sous les mers*, en couleurs et Cinémascope, avec Kirk Douglas, James Mason et Peter Lorre. Pas une semaine sans que Walt nous montre et nous décrive les mystérieuses lumières sous la mer qui effraient les marins du monde entier, les scaphandriers construits exactement d'après les descriptions du livre de Jules Verne, la cabine lambrissée du méchant capitaine Némo ou Kirk Douglas et son équipage aux prises avec la fameuse pieuvre géante qui, nous disait-on sur un ton terrifiant, allait faire blanchir prématurément nos cheveux d'enfants nourris au Pablum.

Cette scène avec la pieuvre, je l'avais vue des dizaines de fois, par petits bouts pas montés, puis complétée ; en cours de tournage, en préparation, en simple esquisse dessinée... On interviewait le metteur en scène, les acteurs (Kirk Douglas avait gardé sa tuque de marin et déclarait que c'était la scène la plus difficile qu'il avait jamais eue à tourner pendant que Peter Lorre faisait ses grands yeux ronds habituels), les concepteurs de la bibitte nous expliquaient comment elle fonctionnait et ceux qui l'avaient habillée nous montraient à quel point les tentacules et les ventouses étaient dégoûtants. On voyait comment une tempête se déclenche en studio et on finissait par savoir le nombre de gallons d'eau utilisés... Ça revenait aux deux semaines et on en redemandait. C'était probablement une autopromotion éhontée mais nous ne nous en rendions pas compte, pauvres téléspectateurs dupés, heureux au contraire du privilège de voir des scènes complètes avant que l'œuvre sorte ! Encore une fois, merci mon oncle Walt !

On nous disait de guetter les journaux, de surveiller les marquises de cinéma, que ça s'en venait, qu'il ne fallait surtout pas manquer ça et que les enfants, en particulier, seraient gâtés comme jamais ! Et jamais je n'ai autant attendu un film que celui-là ! J'en rêvais, j'en mangeais, je ne pensais qu'à ça ; je tannais mon ami Réal que les histoires d'aventures n'intéressaient pas du tout et qui me trouvait bien fatigant, j'avais lu le livre cinq fois pour être bien sûr de tout comprendre parce que les copies qui arriveraient en premier à Montréal seraient sûrement en anglais, enfin bref, j'étais tellement prêt que j'avais l'impression d'avoir déjà vu le film !

* * *

Tous les soirs quand mon frère Jacques arrivait avec *La Presse*, je sautais dessus et je l'ouvrais à la section Arts et Lettres en espérant voir *Vingt mille lieues sous les mers* annoncé en grand et pour bientôt. Un quart de page, une demie, pourquoi pas : Kirk Douglas, James Mason, Peter Lorre, la méchante pieuvre, le Nautilus, les scaphandriers dans... Je courais au cinéma et c'était le plus beau film de ma vie !

Mais le jour où l'annonce a paru dans le journal, j'ai voulu mourir.

J'ai d'abord ressenti cette charge d'adrénaline qui nous secoue quand on est étonné ou surexcité. L'annonce était là ! Aussi grande que je l'avais souhaitée ! Le film commençait le vendredi suivant ! Il ne restait plus que trois jours avant que je le voie enfin !

Je me souviens que j'avais étendu le journal devant le poêle, sur le plancher de la cuisine, et que je m'étais presque couché sur l'annonce tant j'étais énervé.

Mais... quelque chose manquait. En fait, je l'avais tout de suite vu mais je ne voulais pas le savoir et je continuais à jouer la joie de peur de m'abîmer trop tôt dans le désespoir. Je tournais autour du pot. Je tergiversais....

Ce n'était pas un « spectacle pour toute la famille » ! Il n'y avait aucune indication me confirmant que je pourrais me rendre au cinéma Loew's, le vendredi suivant. J'étais assommé.

On m'avait menti ! Walt Disney lui-même m'avait menti ! Pendant des mois ! Il avait tendu devant moi un mirage inaccessible en me faisant croire que j'y aurais accès ! Et tout ce temps-là, il fignolait un film pour adultes !

J'ai bien préparé ma crise, j'ai attendu que tout le monde soit là, sauf mon père, bien sûr, qui travaillait le soir, et je l'ai livrée avec maestria. Je ne veux pas dire par là que je n'étais pas sincère, je l'étais, mais j'avais conscience de ma sincérité, j'en étais même le spectateur et je me délectais autant du numéro que je faisais que de la douleur qui en était la cause. Peut-être pour me protéger de la *vraie* crise, celle où j'aurais pu damner mon âme et que je retenais parce qu'elle me faisait peur alors que celle-là, en fin de compte, ressemblait juste à une grosse colère d'enfant gâté qui veut voir un film qui ne lui est pas destiné.

Et c'est comme ça que le reste de la famille a semblé prendre l'incident, avec un grain de sel. Pas moi. On m'avait trompé, c'était injuste et j'exigeais réparation ! J'écrirais à Walt Disney, je le couvrirais d'injures, il aurait honte et s'excuserait devant tout le monde grâce à moi... Je me suis couché fiévreux, enragé, humilié d'avoir été dupe, d'avoir cru un menteur, d'avoir osé rêver.

* * *

Le lendemain matin j'ai tout de suite compris que ma mère avait tout raconté à mon père parce qu'il s'est levé en même temps que moi alors qu'il dormait d'habitude jusqu'à dix ou onze heures.

Je me suis dit : ça y est, le sermon s'en vient, même si ce n'était vraiment pas le genre de mon père. Il était sérieux, presque songeur ; il tournait autour de moi en replaçant son appareil auditif. Au-dessus de mon dernier morceau de toast, je lui ai dit, presque crié :

« Envoye, dis-lé c'que t'as à dire que je sache quelle punition va m'attendre en revenant de l'école... »

Il a paru étonné. Il est venu s'asseoir à côté de moi.

« Tu sais, l'histoire de *Vingt mille lieues sous les mers*, là... que tu peux pas aller voir parce que c'est pas pour les enfants... C'est parce qu'on n'est pas aux États-Unis, icitte. J'veux dire... Aux États-Unis, y défendent pas aux enfants de rentrer aux vues animées... C'est juste icitte qu'y font ça... Aux États-Unis, tu peux emmener tes enfants, pis fumer dans le théâtre, y paraît. »

Je me suis rappelé que mon père avait suivi chaque dimanche l'évolution de ce film avec une passion presque égale à la mienne et j'ai compris qu'il était probablement très déçu de ne pas pouvoir m'y emmener. Et qu'il n'irait pas seul par solidarité. Quelle déception pour lui aussi ! Il se condamnait à ne pas voir un film parce que son enfant n'y était pas admis.

Mais une surprise m'attendait.

Il s'est servi une tasse de café, a mis deux tranches de pain dans le toasteur.

« T'sais... juste l'autre bord de la frontière... à Plattsburgh, par exemple... y'a des drive-in... C'est les États-Unis, ça fait que les enfants peuvent rentrer. J'en ai parlé avec ta mère... depuis le temps que tu nous achales avec ça... On va demander à un de tes frères de nous emmener tou'es trois voir *Vingt mille lieues sous les mers*, en fin de semaine... Si t'es fin jusque-là... »

Et ce matin-là, en 1955, en Amérique du Nord, un petit garçon de treize ans a osé outrepasser la règle tacite entre les mâles et embrasser son père sur les deux joues.

* * *

Aucun de mes frères ne pouvant nous conduire à Plattsburgh ce samedi-là, mon père se rabattit sur ses amis les Martineau. Elle travaillait à la même imprimerie que lui, mais à la reliure alors que mon père était pressier. Son mari transportait dans de monstrueux camions réfrigérés des fruits de la Floride au Québec. Il partait pour une semaine, revenait pour une semaine. Madame Martineau disait qu'ils avaient un mariage alternatif : une semaine oui, l'autre semaine non.

Ils m'amusaient beaucoup. Madame Martineau était très drôle et adorait les déguisements. Elle arrivait régulièrement à la maison habillée comme la chienne à Jacques, dans des vêtements de toutes les couleurs et de toutes les provenances, un énorme ruban dans les cheveux ou un invraisemblable chapeau posé tout croche sur la tête, outrageusement maquillée et toujours de bonne humeur. Elle entrait en trombe dans la salle à manger, chantait « Tico-Tico » en imitant Alys Robi ou le dernier succès de Carmen Miranda, esquissait quelques pas de danse, toujours les mêmes, et s'écrasait dans la chaise berçante en riant.

Ma mère disait : « Vous avez pas sorti de votre char déguisée de même, toujours ! » et madame Martineau lui répondait : « Chus déjà sortie de mon char dans un ben pire état que ça, madame Tremblay ! »

S'ils sortaient à quatre, madame Martineau se retirait dans la salle de bain et s'arrangeait un peu, trop peu au goût de ma mère, d'ailleurs, qui disait ensuite qu'on les avait regardés toute la veillée et que c'était de sa faute à elle, la bouffonne. S'ils restaient à la maison pour jouer aux cartes ou regarder le hockey à la télévision, elle ne changeait rien à son allure et passait la soirée à rire de ses bijoux trop gros ou de ses trop nombreux bracelets.

Madame Martineau ressemblait un peu à Betty Hutton et je crois qu'elle le savait.

Ma mère prétendait qu'elle était amoureuse de mon père (son mari était bien laid et elle le traitait plutôt brusquement), et l'appelait « sa blonde de la shop », ce qui avait plutôt l'air de le flatter parce qu'il ne protestait jamais.

Toujours est-il que madame Martineau arriva ce matin-là déguisée en capitaine Némo, ou, du moins, ce qu'elle croyait être le capitaine Némo : un pantalon blanc, une veste de matelot, une casquette de marine, des lunettes noires... et une barbe dessinée au bouchon de liège noirci. Son mari l'appelait son petit matelot d'amour en lui pinçant les fesses. Elle roucoulait en disant : « Non, non, non, monsieur, chus pas aux hommes ! » J'ai beaucoup ri de son numéro. Pas ma mère.

« Vous allez m'effacer ça, c'te barbe-là, ça a pas de bon sens ! On dirait que vous vous êtes saucé le menton dans le goudron ! »

Madame Martineau fit le salut militaire.
« Oui, mon amiral ! »
Et elle disparut dans les toilettes.
Ma mère avait l'air de trouver que la journée commençait bien mal alors que monsieur Martineau, mon père et moi avions plutôt tendance à nous réjouir à l'avance de la belle aventure qui se préparait.
Madame Martineau revint le menton lavé mais elle s'était noirci un œil comme si elle venait de se battre dans la salle de bain.
Son mari riait jaune.
« Va ôter ça, le monde vont penser que j't'ai battue ! »
Elle le regarda droit dans les yeux.
« Si au moins tu me battais ! »
Je n'ai pas compris ce que ça voulait dire mais je me suis rendu compte que tout le monde était mal à l'aise, sauf madame Martineau.

* * *

Monsieur Martineau et mon père étaient assis en avant, les femmes et moi derrière. Les hommes jasaient en parlant fort parce qu'ils avaient tous les deux un problème de surdité, les femmes jasaient en parlant fort pour pouvoir s'entendre par-dessus leurs maris ; moi j'étirais le cou pour tout voir. Mon père n'avait pas de voiture et nous quittions rarement Montréal.

Le soleil se couchait lorsque nous avons traversé le pont Jacques-Cartier. Devant nous, le ciel était d'un bleu assez foncé qui annonçait déjà la nuit ; derrière, le soleil s'installait dans un lit de nuages roses et orangés. Je me suis agenouillé sur la banquette et j'ai regardé ce splendide spectacle à travers l'armature du pont. Montréal se profilait en noir sur le coucher de soleil, me rappelant les peintures à numéros dont ma mère était si friande depuis quelque temps et dont elle faisait une impressionnante consommation. Les murs de la maison commençaient à être couverts de Mona Lisa au sourire manqué, de tempêtes sur les mers du Sud et de criards couchers de soleil sous les tropiques.

Nous avons traversé la ville de Jacques-Cartier où habitait ma grand-mère maternelle (ma mère : « C'est la première fois depuis des années que je traverse le pont sans aller voir moman... »), puis nous avons pris plein sud vers les États-Unis.

Je n'étais jamais sorti du pays et je tremblais à la seule pensée de passer les douanes. Mes frères m'avaient dit que des soldats armés jusqu'aux dents allaient nous demander nos papiers (« T'as besoin d'emporter ton baptistère, sinon tu pourrais te retrouver à Sing-Sing ! »), puis nous fouilleraient probablement jusque dans les régions les plus intimes pour voir si on ne cachait pas des armes, des cigarettes ou de la drogue. Je ne voyais pas du tout comment on pouvait cacher des cigarettes, des armes ou de la drogue dans nos régions intimes mais j'avais quand même très peur.

J'étais donc assez nerveux lorsque nous arrivâmes devant le douanier. Surtout que madame Martineau n'avait pas pris la peine de faire disparaître son faux œil au beurre noir.

Une surprise nous attendait : monsieur Martineau connaissait très bien le douanier qui semblait ravi de le revoir. Ils firent quelques farces en riant trop fort, je compris que l'ami de mon père présentait sa femme comme étant sa sœur, probablement à cause du l'œil au beurre noir, justement, et qu'il prétendait, en nous montrant, remporter aux États-Unis des fruits pourris refusés par les marchands. L'Américain lui donna une grande tape sur l'épaule en lui faisant signe de passer et en le traitant de frog.

Fier comme Artaban, monsieur Martineau se rengorgea.

« C'est toutes mes chums, ça... Des ben bon yables... »

Sa femme s'était retournée.

« Tu devrais me les présenter... »

* * *

Mon premier drive-in était plutôt miteux. Une entrée asphaltée et sans aucune verdure, un terrain de stationnement piqué de systèmes d'écoute qui ressemblaient à des parcomètres inutilisables, des écrans abîmés, une projection qui laissait à désirer. Mais nous étions tous très excités : nous étions aux États-Unis, il faisait beau et nous allions voir un film en plein air.

Madame Martineau guettait ce qui se passait dans les autres voitures en faisant des signes complices à ma mère. Elle montrait les couples qui s'embrassaient.

« La steam va monter dans c'te char-là ça s'ra pas long certain ! »

Ma mère lui donnait une tape sur la main.

« Madame Martineau, le p'tit... »

— Ben qu'y r'garde, pis qu'y'apprenne... Y'est à l'âge où y va commencer à se faire monter la steam lui-même, ça fait qu'y'est aussi ben de savoir quoi faire... »

Elle se pencha sur son mari.

« C'est-tu icitte que t'emmènes tes poupounes américaines ? »

Pas besoin de réponse, son air coupable suffisait. Madame Martineau émit un son qui se voulait un rire mais qui n'était pas loin de la douleur.

Nous eûmes à endurer un mauvais thriller en noir et blanc avant que la nuit ne soit vraiment tombée et qu'on projette enfin *Vingt mille lieues sous les mers*.

Mon père se tourna vers moi.

« Viens t'assire en avant, tu vas mieux voir. »

Déjà le nom magique de Walt Disney se dessinait sur l'écran.

Déception.

On nous avait montré cent fois les meilleurs bouts à la télévision : le Nautilus qui ressemblait à un gros poisson phosphorescent, la maudite pieuvre en fin de compte très peu réaliste, la cabine aquarium du capitaine Némo, les scaphandriers de métal, la tempête qui faisait très studio sur grand écran. Le reste, c'était du jasage en anglais auquel je ne comprenais rien. Des gros plans de Kirk Douglas, de Peter Lorre et de James Mason qui discutaient sans fin de sujets scientifiques. L'ennui. Même la couleur n'apportait pas grand-chose : tout était verdâtre, jaune et brun. Le roman était infiniment plus cinématographique et j'eus une bonne pensée pour Jules Verne qui avait inventé le découpage de cinéma avant tout le monde. Et une mauvaise pour Walt Disney qui venait encore une fois de me tromper honteusement. On m'avait promis une heure et demie de bonheur et livré une bande-annonce allongée.

Nous étions venus jusque-là pour rien et je me sentais coupable. J'avais entraîné quatre grandes personnes dans une aventure insignifiante, j'aurais voulu leur demander pardon mais je n'en avais pas le courage.

En plus, monsieur Martineau commençait à sentir la sueur.

Les deux femmes s'étaient très vite endormies. Madame Martineau ronflotait doucement. Mon père avait passé son bras autour de mes épaules. Mes yeux étaient lourds, je luttais contre le sommeil. Je l'entendis à peine me dire : « C'est pas grave si tu t'endors, c'est vrai que c'est plate. » avant de sombrer dans ma propre version de *Vingt mille lieues sous les mers*, sûrement plus intéressante, en tout cas nettement plus colorée, plus près des dessins animés fous de *Cendrillon*, qui m'avait tant ravi, que du drame psychologique ennuyeux que nous avions sous les yeux.

* * *

Je n'ai jamais su à quelle heure nous étions revenus, dans quel état, ni si le film s'améliorait vers la fin parce que nous n'en avons jamais reparlé. Et nous ne sommes jamais retournés dans un drive-in.

*MISTER JOE*

Le tout premier film que j'ai vu dans ma vie, j'avais cinq ou six ans, était un film d'horreur. Ça marque.

Mes frères, surtout Bernard, fréquentaient assidûment la salle paroissiale Saint-Stanislas que Robert Charlebois a immortalisée dans sa chanson « Fu-Manchu » et dont j'ai longuement parlé moi-même dans *La duchesse et le roturier* ; je ne m'étendrai donc pas sur le sujet sauf pour rappeler que les enfants du Plateau Mont-Royal s'y entassaient chaque samedi après-midi, les garçons à la séance d'une heure et les filles à celle de trois heures, pour regarder dans un fouillis inextricable de bruits de bancs, de cris, de courses folles et de pitchage de papier, des films de second ordre la plupart du temps en anglais et rarement en couleurs.

Évidemment, mes frères et mes cousines ne faisaient pas exception à la règle. Ils dévoraient tout avec un égal bonheur : le dessin animé, le film principal, la série qui se terminait toujours mal et dont ils discutaient la suite pendant toute la semaine en spéculant sur l'intelligence des méchants et la naïveté des bons... Mais les gars voyaient toujours tout avant les filles, ce qui avait ses avantages : quand la séance d'une heure se terminait, mon frère Bernard, le moins sérieux des deux et incorrigible joueur de tours, sortait de la salle en courant, se dirigeait vers Jeanne, Lise et Hélène qui faisaient la queue en jasant et leur disait si le film en valait la peine ou non ; il s'étendait parfois même un peu trop sur ce qu'il venait de voir et elles le renvoyaient en lui chantant des bêtises et en se bouchant les oreilles surtout s'il se permettait de parler de la série. Elles voulaient savoir si le bon avait explosé ou non avec la bombe en tombant dans le ravin avec la diligence en feu tirée par des chevaux partis à l'épouvante, mais elles ne voulaient pas l'apprendre de lui. Quand il avait beaucoup aimé le film, il essayait même de se faufiler à la deuxième séance, mais les garçons avaient besoin d'une lettre dûment signée par un parent pour y être acceptés et il se faisait invariablement refuser l'entrée de la salle.

* * *

On avait donc annoncé pour cet après-midi-là une espèce de sous-produit de *King Kong* intitulé *Mister Joe*, dans lequel un homme dans un costume de singe essayait de faire croire qu'il était un méchant gorille qui assassinait les femmes d'une grande ville américaine, Chicago ou New York, je ne sais plus trop, en pénétrant chez elles par la fenêtre. Et Bernard s'était mis dans la tête de m'initier au cinéma ce jour-là, choix judicieux s'il était un sadique (je n'ai jamais réussi à lui faire dire s'il avait fait exprès de choisir ce film-là ou si ce fut l'effet du hasard), mais de toute façon catastrophique parce qu'on n'emmène pas un enfant qui n'a jamais vu un film de sa vie voir un gorille qui pénètre chez les gens par le châssis pour les étriper.

Je n'ai qu'un seul souvenir de cet après-midi, une seule image qui me revient assez souvent, même quarante ans plus tard, parce que c'est sûrement un des moments les plus intenses et les plus violents de toute ma vie.

C'est la nuit, une femme dort sur le dos. À côté de son lit, une fenêtre est ouverte. Me voyez-vous venir ? Le vent fait bouger les rideaux tout doucement, l'ombre d'une branche d'arbre se balance. Le pire des clichés pour un film d'horreur mais une image tout à fait innocente pour un enfant qui n'est jamais allé au cinéma et qui ne sait pas du tout ce qui l'attend. Je suis assis sur le bout de mon siège de bois que je fais couiner parce que je trouve le film ennuyant à mourir, et je regarde l'écran d'un œil plutôt distrait. Bernard m'a dit que c'est là qu'il faut regarder, sur cette grande guénille blanche-là qui va s'animer, que ça va être bien beau même si c'est en anglais, mais rien dans ce que j'ai vu ne m'a encore vraiment intéressé. La seule chose qui me chicote c'est de savoir comment ils ont fait pour enlever les couleurs aux murs, au lit, aux rideaux, aux personnages (il faut se rappeler que je ne sais même pas ce que c'est que le cinéma, que je suis donc confronté au noir et blanc pour la première fois) et je m'apprête à le demander à mon frère. Mais quelque chose attire mon attention. Est-ce que j'ai vraiment vu une ombre se profiler dans la fenêtre ? Mon cœur s'arrête de battre. Un plan sur la femme qui dort toujours, parfaitement confiante, parfaitement belle dans son sommeil. La salle s'est tue ; je ne suis donc pas le seul à me douter de quelque chose. J'ai arrêté de faire couiner mon banc. Encore ! Cette fois j'en suis sûr. Quelque chose, quelqu'un, se tient derrière la fenêtre, peut-être en équilibre sur la branche d'arbre qui continue innocemment son va-et-vient... Quelqu'un de trapu, de gros, parce que la silhouette est toute courbée. À moins que ce soit un monstre accroupi en petit bonhomme pour mieux bondir ! Je veux tirer mon frère par la manche, lui demander s'il a vu la même chose que moi lorsque les rideaux se séparent pendant que la femme bouge pour se tourner sur le dos.

Horreur sans nom !

Un gorille deux fois gros comme un homme entre dans la chambre sans faire de bruit et se penche sur le lit de la femme.

Le monde au complet bascule. Je ne suis plus qu'une bouche ouverte, un cri strident, l'expression même de la peur. Je suis debout devant mon siège, raide comme une barre, et je hurle. La salle aussi a crié mais moi je continue après tout le monde, après la fin de la scène, après que la femme dans le film a perdu connaissance en voyant le gorille sur le point de la renifler. Je suis convaincu que je ne pourrai plus jamais m'arrêter de crier. Les autres enfants, tous plus vieux que moi, vite revenus de leur moment de terreur, qui auraient même tendance à en rire maintenant que c'est passé, me regardent, d'abord étonnés et amusés, puis se mettent à me crier de me taire parce que je dérange la projection. Mon frère a posé sa main sur ma bouche mais je continue quand même, en essayant de le mordre. Quand il n'y a plus d'air dans mes poumons, je prends une grande respiration et je repars sur la même note, avec la même intensité. Je ne pourrai plus jamais être le même dans ce monde où les gorilles s'introduisent chez vous par la fenêtre pour venir vous étrangler, vous couper en petits morceaux, vous manger, peut-être, parce que les gorilles sont sûrement carnivores !

Je suis soulevé de terre, transporté sur l'épaule de Bernard au milieu des cris ; je vois les rangs d'enfants défiler devant mes yeux pendant que le film continue à se dérouler sur l'écran. Comment peuvent-ils endurer une chose pareille ? Comment arrivent-ils à contrôler leur peur, à ne pas s'insurger devant cet énorme animal qui va sûrement manger la pauvre femme ? Il faut faire quelque chose, appeler la police, les pompiers, l'ambulance !

Je crie encore sur le trottoir ; les filles qui ont commencé à faire la queue sur la rue Laurier nous regardent passer en fronçant les sourcils. Bernard rassure ma cousine Jeanne en lui disant que je suis trop petit, que le film n'est pas si épeurant que ça...

Le problème est que je continue aussi à hurler arrivé à la maison.

* * *

Si mon frère n'a pas mangé une volée, il a au moins mangé un paquet de bêtises.

Ma mère : « T'arais pu me le dire, que c'était une vue animée de peur, grand insignifiant ! Emmener un enfant de c't'âge-là voir des femmes tout nues se faire visiter par des gorilles dans leur chambre ! C't'assez pour le marquer pour le restant de ses jours, ça ! Son lit est placé à côté du châssis, que c'est que tu penses qu'y va penser, à soir, quand y va se coucher ? Y va voir des singes partout, c'est sûr ! Pis qui c'est qui va être pognée pour essayer de le consoler au beau milieu de la nuit, c'est pas toé, tu dors comme une bûche, le tonnerre pourrait te rentrer par une oreille pis tu t'en apercevrais pas ! Si y se remet à pisser au lit parce qu'y'est traumatisé, ça va être de ta faute pis laisse-moé te dire que c'est toé qui vas laver les draps ! J'te dis que toé, avant que tu retournes à la salle paroissiale, les bananes vont pousser dans des cocotiers sur le boulevard Saint-Joseph, pis les singes avec ! Pis eux autres, là, ceux qui vous envoyent ces vues animées-là, là, à quoi y pensent ? Y le savent-tu qu'y peuvent vous mélanger pour le reste de vos jours en vous montrant des affaires de même ? »

Elle me berçait un peu trop fort en engueulant mon frère et j'avais mal au cœur. Ce qui m'empêchait tout de même de crier. Ne pouvant plus faire sortir ma terreur avec des cris, je geignais comme un bébé qui perce ses premières dents.

Ce fut long, violent, dramatique. Bernard avait le caquet bas, ma mère le verbe haut et les voisins de grandes oreilles.

J'ai pleuré longtemps, ma mère a crié longtemps et le lendemain matin, à la messe de dix heures, tout le monde la regardait, disait-elle ensuite, comme si elle était une monstresse qui maltraitait ses enfants.

Quant à moi, j'avais évidemment passé une nuit épouvantable, peuplée de gorilles en noir et blanc qui se délectaient de ma peur. Plus j'avais peur, plus j'étais convaincu de les voir ricaner, s'amusant de mes cris, de mes plaintes, de mes supplications, leurs petits yeux mouillés de joie, leurs lèvres ourlées en un affreux rictus, leurs dents si puissantes prêtes à se planter dans mon cou si fragile.

* * *

J'ai été très longtemps sans pouvoir retourner au cinéma après cette catastrophique aventure. Et lorsque je me suis retrouvé à la salle paroissiale Saint-Stanislas, c'était en cachette, avec une pièce de dix cents ramassée sou par sou en me privant de sacs de surprises de chez Marie-Sylvia ou de lait à la récréation du matin. Je suppliais mes frères de ne pas me vendre mais ils commençaient de toute façon à se désintéresser de ces séances pour enfants et me laissaient faire à ma guise ; il leur est même arrivé de me prêter de l'argent.

* * *

Mais je me demande parfois si ma grande passion pour les mauvais films d'horreur (je vois *toute* la production américaine depuis les années cinquante et j'ai couru pendant des années les films de la Hammer avec Peter Cushing et Christopher Lee) ne vient pas de cette première expérience avec le cinéma, pourtant tellement traumatisante. Derrière la terreur absolue ressentie par un enfant qui ne comprend pas ce qu'il voit, il y avait peut-être, en fin de compte, un tout petit soubresaut de volupté, très près de la jouissance, que j'ai réussi à contrôler en vieillissant et que j'aime retrouver dans une salle plongée dans l'obscurité. Parce que lorsque j'ai peur au cinéma, j'ai vraiment très peur et j'aime vraiment beaucoup ça ! (En 1979, j'ai été tellement terrorisé par la projection de *Alien* que j'ai fait une indigestion aiguë en sortant du cinéma et que j'y suis retourné le lendemain pour voir comment tout ça était fait.) Et lorsque je trouve le film mauvais, mon plaisir est autre mais c'est tout de même un plaisir !

# LES FILMS D'HORREUR DES ANNÉES 50

Pendant une grande partie de mon adolescence le cinéma Princess, aujourd'hui le Parisien, mettait à l'affiche chaque semaine deux films d'horreur ou de science-fiction à petit budget que je dégustais avec un plaisir sans bornes, un sac de chips Maple Leaf et un gros Coke.

La semaine d'école terminée, le vendredi après-midi, je prenais le trolleybus Amherst jusqu'à Sainte-Catherine, puis le tramway jusqu'au cinéma. Je partais du coin de Laurier et De la Roche parce que j'allais à l'école secondaire Saint-Stanislas, en scientifique spéciale. Ne me demandez pas ce que je faisais là, je ne le sais pas moi non plus. Je descendais au coin d'University (Montréal était encore une ville anglaise), je revenais sur mes pas, je dépassais le System où je n'osais jamais mettre les pieds à cause de sa triste réputation (on disait qu'il se passait dans les toilettes de ce cinéma des abominations dignes de Sodome, de Gomorrhe et de Paris), je flânais un peu devant l'Orphéum où se produisaient pendant la saison théâtrale mes idoles du Théâtre du Nouveau Monde (ah ! les affiches de Normand Hudon sur lesquelles on pouvait reconnaître Guy Hoffman, Jean Gascon, Monique Leyrac...) et je traversais en face où, sur la marquise lumineuse du Princess, on annonçait un quelconque *I was a Teenage Werewolf*, ou tout autre *Monster of the Blue Lagoon*, accompagné d'une autre niaiserie du même genre, mes délices de la semaine, ma récompense après cinq jours d'ennui au milieu des incompréhensibles logarithmes, des odeurs suspectes des expériences de chimie et des subtilités qui séparent la logique formelle de la logique symbolique.

Le hall du cinéma Princess était immense, tout en longueur, et sentait fort le pop corn chaud et le beurre fondu. J'allais tout de suite faire mon pipi (j'étais déjà un pisse-minute invétéré) dans les « somptueuses » toilettes de marbre du sous-sol dont l'odeur de boules à mites mêlée à celle de l'urine mal évacuée par des dispositifs toujours déficients vous prenait à la gorge d'une façon plutôt désagréable. J'essayais de ne pas respirer le temps que j'étais là mais je n'y arrivais jamais et je remontais l'escalier en courant, en toussant et en faisant la grimace.

Et là j'étais prêt pour trois heures de cris d'horreur poussés par de piètres actrices aux yeux globuleux et aux cheveux faussement blonds, de transformations, mal exécutées, de mauvais acteurs en ridicules bibittes de l'espace à forme triangulaire ou en loups-garous de bas étage, de numéros de cabotinage livrés sans honte et sans pudeur par John Agar, Vincent Price, Boris Karloff ou l'abominable Bela Lugosi, le comble de l'acteur raté qui traîne éternellement avec lui les vieux habits troués de son seul succès, en l'occurrence Dracula. « I never drink vvvine ! », c'est drôle une fois, mais pas étiré sur toute une carrière !

J'entrais dans la salle elle aussi très odorante, de cette senteur humide de monsieur mal lavé et de bière mal digérée. C'était toujours plein à craquer. Chaque vendredi. Et l'assistance était entièrement masculine. Aucune femme n'aurait osé pénétrer dans ce cinéma-là à cette heure-là sans se sentir un peu coupable et très mal jugée. Une femme qui se respectait ne fumait pas dans la rue et n'entrait pas au cinéma Princess le vendredi soir, pas plus qu'à la taverne.

J'avais de la difficulté à me trouver une place au bord d'un rang, là où j'aime encore m'asseoir parce que je suis sûr que je ne dérangerai personne si j'ai à sortir pendant la séance pour un impérieux pipi.

J'arrivais habituellement au milieu d'un film, mais ça ne me dérangeait pas ; je n'étais pas là vraiment pour l'histoire qu'on allait me raconter mais surtout pour les frissons que me procureraient la main sortie du mur pour étrangler, les crocs du vampire se plantant dans un beau cou ragoûtant, les dards empoisonnés de l'extraterrestre qui restent pris dans le haut du dos, là où on ne peut pas les atteindre avec la main, le chat surgi d'une ruelle et qu'on a pris pour un monstre, le Martien vomissant une soupe grumeleuse qui brûle la peau des pauvres Terriens, l'araignée géante avide de sang frais, la femme de trente pieds qui écrase tout sans le faire exprès, l'idiote, l'homme rétréci qui doit se battre contre un chat avec une aiguille à tricoter, la chauve-souris annonciatrice de Dracula, l'évidente hypocrisie de Igor, l'éternel assistant, fourbe et servile, du docteur fou ou du baron de Frankenstein ou du Prince des Ténèbres lui-même, venu sur terre pour faire une moisson d'âmes faibles, cet Igor toujours laid, toujours bossu, et qui mourait invariablement d'une façon atroce sous les applaudissements et les « Horrays » de l'assistance. J'en étais et je participais !

Et des frissons, j'en avais !

* * *

Je savais pourtant que ces films-là étaient la plupart du temps très mauvais. Je commençais à comprendre ce qui, pour moi, faisait qu'un film était bon ou non. Mon goût pour le cinéma se développait. J'apprenais non seulement le nom des acteurs mais aussi celui des metteurs en scène, je pouvais citer un ou deux films de John Ford même si je ne les avais pas vus, je racontais volontiers *Les visiteurs du soir* de Carné, à quiconque voulait bien m'écouter parce que cette œuvre m'avait bouleversé, je furetais dans les revues spécialisées, très rares à l'époque mais qui attiraient mon attention par le seul fait qu'elles portaient le mot *cinéma* ou *movie* dans leur titre.

Mes horizons craquaient de partout. J'avais quitté la salle des enfants, à la Bibliothèque municipale, pour m'inscrire à celle des adultes ; j'avais donc accès à tout le savoir du monde : j'étais passé de Jules Verne à Dostoïevski, de la collection « Signes de pistes » aux romantiques français et allemands du dix-neuvième siècle, de Tintin à Jack London avec des frissons d'excitation. Je me doutais de l'existence de Proust sans cependant oser encore l'aborder. Je venais de découvrir le théâtre grec et je me demandais déjà qui d'Agamemnon ou de Clytemnestre avait eu raison. Je devenais rapidement un dévoreur de culture. Mes goûts en musique se précisaient en ce sens que je commençais naïvement à trouver Tchaïkovski quétaine et Wagner sublime. Je regardais quatre ou cinq heures de télévision par jour. Je savais tout de Marcel Dubé, d'Yves Thériault, d'André Laurendeau, de Françoise Loranger. J'écoutais et je lisais religieusement Félix Leclerc, au grand dam de mon père qui détestait tous les gratteux de guitare et autres porteurs de chemises à carreaux. J'avais dévoré *Bonheur d'occasion* pendant un voyage en Gaspésie avec mes parents et j'étais convaincu de ne plus jamais pouvoir lire un roman aussi beau. Je lisais Tennessee Williams en cachette sans trop savoir pourquoi et j'écrivais des choses dans la marge des romans de Julien Green. J'étais transporté par la poésie de Saint-Denys Garneau et celle de sa cousine, Anne Hébert. J'étais le seul dans la famille à ne pas rire aux simagrées des danseurs de ballet pendant *L'Heure du Concert*. Je fréquentais, le mercredi soir, le Théâtre du Nouveau-Monde et la Comédie canadienne parce qu'on y vendait des billets d'étudiants à quatre-vingt-dix cents. Je ne voyais que le dessus de la tête de mes idoles mais je me gavais des textes d'Anouilh livrés par Ginette Letondal et Robert Gadouas, des Molière géniaux de Guy Hoffman, de la Marguerite de Denise Pelletier dans *Le temps des lilas* de Dubé, du doge de Jean Gascon dans *Venise sauvée*, de l'imagination de Paul Buissonneau qui faisait d'une mauvaise pièce de Marcel Aymé, *Les oiseaux de lune*, une magnifique volière où Claude Léveillée et Germaine Dugas faisaient leurs débuts d'acteurs.

J'inquiétais mon père et mes frères parce que j'étais trop « artistique » et je faisais la joie de ma mère qui essayait, sans toujours y parvenir, de s'intéresser aux mêmes choses que moi...

Alors pourquoi cet engouement subit pour ce qui était à l'évidence même le contraire de ce que j'aurais dû aimer au cinéma ?

Au fil des semaines, des mois, je me suis rendu compte d'une chose qui me troubla beaucoup. Je ne venais pas vraiment là pour avoir peur. Enfin, pas uniquement. Quelque chose d'autre m'attirait dans cette salle obscure où toutes les laideurs du monde, mal ficelées et vendues en vrac, étaient projetées devant un public d'hommes pas toujours attentifs : mon affinité avec les personnages dits méchants ou maudits, ma sympathie pour ce que je devinais être leur malheur, incompris et parias de toutes sortes, souvent très laids, qu'on avait fabriqués à partir de morceaux épars d'autres êtres comme dans *Frankenstein*, ou qui venaient de tellement loin qu'on n'avait pas de points de comparaison et qu'il était plus facile de prendre pour des méchants qui veulent nous détruire que pour des créatures perdues dans la galaxie à la recherche d'une aide hypothétique.

La révolte de la créature qui se retourne contre son créateur et qui périt avec lui, la confession du vampire qui nous dit qu'il court depuis des siècles aux trousses d'un repos absolument interdit, la sorcière qui ne veut pas revivre le bûcher, le loup-garou quand même irresponsable des effets de la pleine lune sur son système épilatoire, l'extraterrestre dont la planète manque d'eau et qui voudrait nous pomper la nôtre, toutes ces victimes de la bêtise humaine ou de la complexité des galaxies, qu'on dépeignait comme des monstres de méchanceté, me touchaient et attiraient ma sympathie.

Même si elles me faisaient souvent très peur à cause de la structure même des films qui prenaient toujours parti pour la prétendue normalité, la situation dans laquelle ces créatures se retrouvaient immanquablement à la fin de l'histoire me touchait toujours et il m'arrivait d'écraser une larme quand Christopher Lee était empalé, que le fantôme de l'opéra, l'image même de l'amoureux laid éconduit, périssait dans l'incendie de ce qui avait été son repaire ou que la femme qui s'était retrouvée géante à cause des radiations d'une bombe atomique explosait dans d'horribles convulsions en maudissant tout le monde. Je croyais les comprendre ou, plutôt, je crois bien que je les comprenais. Et je venais m'installer devant elles chaque vendredi pour sursauter quand elles semblaient vouloir percer l'écran et venir m'étrangler mais aussi pour pleurer leur disparition et perpétuer leur deuil parce qu'il était toujours injuste qu'elles meurent. Je haïssais le docteur Frankenstein que je trouvais prétentieux de se prendre pour Dieu et je sympathisais avec sa créature parce qu'elle était irresponsable et innocente.

C'était évidemment là une autre chose que je gardais pour moi, les spectateurs du cinéma Princess, le vendredi soir entre cinq et huit heures, étant plus du genre à applaudir bruyamment à la destruction de Dracula qu'à s'apitoyer sur son sort de candide et misérable victime.

* * *

Je sortais du cinéma sonné, heureux et affamé.

J'arrivais à la maison vers huit heures et demie, ma mère m'attendait au bout de la table. Mon père travaillait de quatre heures à minuit, il n'était donc presque jamais là, le soir, et lorsqu'il y était, ça voulait dire qu'il avait perdu son travail ou qu'il avait été slacké, alors je préférais qu'il soit absent quand je revenais des vues ; mon frère Bernard était déjà marié et Jacques était parti faire ce que font les jeunes hommes dans la vingtaine, le vendredi soir. J'étais donc seul avec ma mère qui me servait une généreuse portion de binnes ou de sauce aux œufs avant de se rasseoir au bout de la table.

Ma mère détestait le poisson et avait décidé que nous étions tous comme elle pour ne pas avoir à en préparer le vendredi, jour maigre. Son choix de plats était donc très réduit et nous mangions presque toujours la même chose en enviant les enfants de ma tante Marguerite qui s'empiffraient de filets de haddock, de poissons des chenaux, de pétoncles et même de crevettes, les chanceux ! Nous, après l'inévitable soupe aux légumes (une soupe fumait toujours sur le poêle de ma mère ; on aurait dit la même qu'elle allongeait sans cesse, commencée le lendemain de son mariage et qui ne refroidirait qu'à sa mort), c'étaient les éternelles binnes, délicieuses mais qui revenaient trop souvent à mon goût, la sauce aux œufs que je détestais par-dessus tout ou les sandwiches aux tomates toastés, que ma mère exécutait en deux temps trois mouvements quand elle n'avait pas envie de faire autre chose.

Mon dessert fini, j'allais me servir une tasse de café, je baissais le son de la télévision que nous avions installée à côté de la table de la salle à manger, cœur de la maison, et je lui racontais ce que je venais de voir. En détail. Elle appuyait les coudes sur la nappe, posait son menton dans ses mains ouvertes en coupe et qui lui montaient le long des joues, souriait. Elle écoutait tout, les décapitations, les sorcières brûlées, la mort d'Igor, l'empalement de Christopher Lee, les monstres triangulaires avec des aiguilles empoisonnées au bout des doigts, les soucoupes volantes qui détruisaient des villes complètes avec un seul rayon, en soulignant mon récit de petits cris de dégoût, de « tt-tt-tt » découragés, de « Dis-moé donc. », de « Ça prend-tu un écœurant. », de « Arrête, tu viens de manger, tu vas être malade à me conter des affaires de même ! », mais jamais elle ne me demandait sérieusement d'interrompre mon histoire. Elle savait comment tout ça allait se terminer exactement comme moi je l'avais su au cinéma, mais elle m'écoutait jusqu'au bout comme j'avais regardé le film jusqu'au bout, buvant mes paroles, angoissée quand l'héroïne descendait l'escalier de la cave, terrifiée quand Peter Cushing violait la tombe de Dracula, soulagée quand le Mal s'écroulait, vaincu par le Bien toujours triomphateur.

Elle soupirait, ajoutait : « La morale est bonne. », puis se levait pour ranger et faire la vaisselle. Parfois, alors que je m'installais devant la télévision pour écouter une émission de fin de soirée, elle me lançait du fond de la cuisine : « C'est de valeur que j'haïsse ça, ces vues-là, sinon j'irais avec toé... »

J'imaginais ma mère au milieu du parterre d'hommes, j'essayais de deviner ses réactions, je me promettais de l'emmener, une bonne fois...

Mais je suppose que ce que je lui racontais lui suffisait amplement puisqu'elle n'a jamais vu un seul film d'horreur de sa vie, même pas à la télévision.

*THE KING AND I*

Le jour de mes quatorze ans, le 25 juin 1956, j'ai décidé que désormais j'irais au cinéma avec les adultes même si je n'avais pas l'âge requis. J'en avais assez de voir des dessins animés, des vies de saints, des mélodrames édifiants ou Heidi descendant de sa montagne pour aller prendre soin d'une petite infirme en ville. Je voulais voir Susan Hayward dans ses robes strapless, Lana Turner dans ses chandails en minou, Marilyn Monroe étendue dans ses chutes Niagara. Le cinéma français ne m'attirait pas trop, à l'époque, j'en voyais trop à la télévision et j'en avais un peu soupé des grimaces de Fernandel, de la voix chevrotante de Georges Guétary et du tralala de Suzy Delair.

On annonçait, au cinéma Palace, une comédie musicale intitulée *The King and I* dont je n'avais jamais entendu parler mais qui attira tout de suite mon attention : dans l'annonce de *La Presse*, une belle femme vêtue d'une immense robe de satin dansait dans les bras de ce qui semblait être une espèce d'Indochinois à moitié déshabillé. C'était assez pour me décider et je suis parti le cœur battant à l'assaut d'un cinéma qui avait la réputation d'être invincible pour les moins de seize ans.

Je n'avais quand même pas commis l'erreur de mon frère Bernard qui s'était un jour dessiné une moustache pour entrer au Passe-Temps avec ma tante Robertine et qui avait fait rire de lui par la caissière. Celle-ci l'avait bien regretté, d'ailleurs, quand la sœur de mon père avait décidé de prendre la défense de son neveu avec sa voix de stentor et son langage fleuri. On en parlait encore sur la rue Mont-Royal. Non, j'étais habillé simplement : un pantalon bleu, une chemisette blanche, un V-neck rouge, mes souliers Pat Boone. J'avais probablement l'air de la caricature d'un vrai petit monsieur.

De ma fenêtre du tramway Sainte-Catherine j'ai vu l'annonce du film, la même mais en couleur, et le courage m'a manqué. Si la caissière, en plus de me demander mon âge, exigeait une carte d'identité... si elle appelait la police... si je me retrouvais en prison pour avoir voulu voir un film qui, en fin de compte, était peut-être vraiment trop « adulte » pour moi... J'ai laissé passer quelques arrêts, je suis descendu chez Ogilvy. Il était à peine dix heures et demie du matin (la première séance était à onze heures) et j'étais déjà en sueur. J'ai remarché jusque devant chez Eaton, situé exactement en face du Palace, et j'ai essayé, en me dressant sur la pointe des pieds, de voir de quoi la caissière avait l'air... Impossible, évidemment. J'ai traversé la rue en évitant les voitures et les tramways qui venaient des deux côtés en rangs serrés.

Elle n'avait vraiment pas l'air commode. Je faisais semblant de regarder les photos, très belles d'ailleurs, glacées, claires, et qui vous donnaient encore plus le goût de voir le maudit film, tout en glissant des regards furtifs vers la cage de verre. La caissière était vieille, grasse, sérieuse et elle distribuait les tickets comme une manne rare et précieuse, avec des gestes importants et toujours après avoir bien dévisagé le client ou la cliente. Elle n'était pas là pour s'amuser et le laissait savoir.

J'étais donc condamné pour encore deux ans à Heidi, sa chèvre et son gros voisin ?

Trouvant que j'étais là depuis trop longtemps, la caissière a pris une pièce de monnaie et s'est mise à frapper contre la vitre de sa cage en me faisant signe de m'éloigner. Je devais avoir l'air d'un enfant vicieux qui s'attarde devant des portraits cochons et je me suis sauvé, les épaules rondes et la queue entre les jambes.

Il était onze heures moins quart et la journée de ma fête était déjà gâchée.

Il me fallait une consolation.

Je suis entré chez Eaton en trombe et je me suis dirigé directement vers le département des disques, au cinquième étage.

* * *

À cette époque, on pouvait se procurer des disques de musique classique sur étiquette Remington et Plymouth pour la faramineuse somme de quatre-vingt-dix-neuf cents. Ils sonnaient tous également mal et avaient probablement été enregistrés dans des studios de la grandeur d'une boîte d'allumettes mais je m'en contentais parce que je ne connaissais rien d'autre à cause de mon budget pour le moins limité. J'en possédais déjà une assez imposante collection, des choses de base comme les inévitables suites de *Carmen* ou de *Peer Gynt*, des extraits du *Lac des cygnes*, mais aussi des œuvres un peu moins évidentes pour un néophyte de quatorze ans, le concerto pour violon de Bruch, par exemple, ou *Pulcinella* de Stravinsky. J'avais un *Cosi* de Mozart, avec des chanteurs allemands de second ordre au nom aussi fleuri que Elsie Plümacher et qui prononçaient l'italien d'une façon très comique. Mais rien de tout ça ne me dérangeait, je faisais mon apprentissage, j'aimais tout, je trouvais tout sublime, je pleurais comme un veau devant la musique de ballet de *Samson et Dalila* de Saint-Saëns autant que sur le premier chœur de la *Passion selon saint Jean* de Bach.

J'allais donc, pour me défrustrer et pour vingt-quatre cents de plus, acheter un beau disque classique qui me procurerait des dizaines et des dizaines d'heures d'écoute plutôt qu'une heure et demie d'hypothétique plaisir à regarder la madame en robe longue danser avec l'à-moitié tout nu Siamois. J'avais évidemment décidé que *The King and I* ne valait pas la peine de risquer la prison et que, de toute façon, c'était probablement très plate.

Le département des disques, chez Eaton, mettait à la disposition des clients des cabines d'écoute dans lesquelles j'avais déjà passé pas mal de temps à choisir entre trois ou quatre disques, souvent sans arriver à me décider ; j'étais donc connu dans la place et les vendeuses m'aimaient bien parce que j'étais probablement leur seul client adolescent à ne pas acheter de disques de Patti Page ou de Gale Storm.

Mais ce matin-là, pas de chance, je trouvai derrière la caisse une petite nouvelle que j'eus l'impression de déranger tellement elle n'avait pas l'air d'avoir envie d'être là.

La conversation s'engagea d'ailleurs très mal.

« Pourriez-vous m'ouvrir ce disque-là, s'il vous plaît, j'aimerais ça l'écouter. »

Elle me regarda comme si j'étais une crotte de chien sur un coussin de velours.

« I'm sorry, but I don't speak French. »

Je savais que la politique du magasin voulait qu'on parle anglais mais il n'y avait aucune chance pour que cette jeune fille-là soit anglaise, aucune ! L'accent, la tête, la coiffure, les vêtements, la gomme à mâcher, tout provenait directement du Plateau Mont-Royal ou du faubourg à' m'lasse. Elle était la copie conforme de ma cousine Lise qui travaillait au Kresge, à côté, et qui nous racontait qu'on lui commandait des sandwiches au fromage en anglais et qu'elle rapportait des sandwiches au jambon en français... et que, surtout, on ne l'obligerait pas à parler anglais si elle n'en avait pas envie ! Excepté que la vendeuse de chez Eaton, elle, avait décidé de jouer le jeu.

Elle n'était pas beaucoup plus vieille que moi, en tout cas elle était loin d'avoir ses vingt ans, et je décidai de lui tenir tête.

« Aïe, vous viendrez pas rire de moé à matin, je le sais que vous êtes française... De toute façon, j'vous demande pas de me faire la conversation mais juste de m'ouvrir ce disque-là... »

Elle releva ses sourcils en accent circonflexe et secoua la tête. Et elle prit son plus bel accent anglais pour lâcher un « De que c'est ? » qui franchit quand même ses lèvres comme un beau joual fringant.

Je ne pus m'empêcher de rire.

« Écoutez, faites un petit effort, là, je le sais que vous êtes pas anglaise, ça sert à rien de vous entêter ! »

La vendeuse se pencha vers moi par-dessus le comptoir.

« Que c'est que tu veux, p'tit crisse, me faire pardre ma job ? »

Elle regarda furtivement vers sa droite et fit semblant de s'affairer autour de la caisse.

Un quelconque gérant nous observait, près des escaliers mobiles, l'œil soupçonneux, sans même cacher son pitoyable jeu d'espion mal payé pour prendre en flagrant délit des francophones qui communiquaient entre eux dans leur langue. Je compris tout en un instant : les incessantes humiliations, le harassement, les petites et pitoyables capitulations. J'eus pitié d'elle. Et de moi.

« Okay, faites comme si j'vous avais parlé anglais. Y nous a pas entendus. »

Je me trouvais trou de cul. Et je la trouvais trou de cuse.

Elle fendit le cellophane qui enrobait la pochette du disque et me tendit le tout en me faisant une mimique d'une grande niaiserie.

« Tu te penses fin, hein ? Ben attends d'être à ma place ! »

En me dirigeant vers les cabines d'écoute, je tombai sur le disque de *The King and I* qui trônait à la place d'honneur sur les présentoirs. Je le pris, l'observai sous toutes ses coutures. Eh, que ça avait l'air beau !

J'ai évidemment eu envie de l'écouter. En revenant vers la caisse pour me le faire ouvrir, j'aperçus l'espion qui était venu se planter à côté de la vendeuse et me regardait venir avec un sourire féroce. Je n'allais quand même pas me sentir obligé de leur parler anglais ! Arrivé au comptoir, je montrai le disque à la vendeuse en ignorant complètement le gérant, fendis le cellophane moi-même avec mon pouce, comme la caissière l'avait fait plus tôt avec l'autre disque, et leur tournai le dos.

C'était une bien petite victoire, une victoire par omission plutôt qu'une véritable résistance active, mais j'étais quand même très fier de moi.

* * *

Aussi invraisemblable que ça puisse paraître, ce qui suit est absolument véridique.

Je ne me souviens pas du disque classique, tout ce que je sais c'est qu'il ne m'intéressait pas et que je ne m'y suis pas attardé.

J'ai mis *The King and I* sur la table tournante en espérant que la musique soit à la hauteur de la pochette. L'ouverture était assez jolie dans le genre américano-oriental des années cinquante, mais ce n'était vraiment pas une musique qui me passionnait et j'ai failli remettre le disque dans son enveloppe. Puis est arrivée la première chanson, intitulée : « I Whistle a Happy Tune ». Les paroles me sautèrent dessus comme un message qu'Anna, la maîtresse d'école anglaise fraîchement débarquée au Siam pour éduquer les enfants du roi, me lançait personnellement à travers le temps, un disque, un film, une chanson, et j'en fus sidéré :

Whenever I fell afraid<br>
I hold myself erect<br>
And whistle a happy tune<br>
So no one will suspect<br>
I'm afraid

La chanson s'adressait directement à moi ! Le secret était dans la désinvolture ! Si je voulais entrer au cinéma, il fallait que je sois le contraire du chien battu qui va se cacher dans un coin pour se faire oublier avant même qu'on le gronde parce qu'il sait qu'il a fait un mauvais coup ! Il fallait que je sois désinvolte au point que la caissière se sente obligée de me laisser passer même si elle voyait que je n'avais pas seize ans ! Il ne fallait surtout pas qu'elle sache que j'avais peur d'elle comme du diable. Je n'aurais pas dû me sauver, plus tôt, mais l'affronter en relevant la tête...

* * *

Je suis allé reporter les deux disques à toute vitesse en disant à la vendeuse sur un ton supérieur : « Sont plates ! » et j'ai couru d'une seule traite jusqu'au cinéma.

Le dragon était toujours à son poste ; personne n'entrait plus dans la salle parce que le film était commencé depuis longtemps. La caissière feuilletait mollement une revue en attendant le prochain flot de clients qui ne se présenterait pas avant une bonne heure. J'ai rassemblé le peu de courage qu'il me restait malgré les jambes flageolantes, la sueur dans mon dos, le cœur qui battait tout croche et le nœud dans ma gorge et j'ai réussi à me présenter devant le guichet en sifflotant, comme sur le disque. Ça sortait pas fort mais ça pouvait s'entendre. Je ne sais pas si on pouvait vraiment appeler ça de la désinvolture mais j'espérais que ça en donne l'illusion. J'ai bravement déposé mon soixante-quinze cents devant elle en la regardant droit dans les yeux. « Mon Dieu, faites qu'a' me reconnaisse pas ! Faites qu'a' fasse pas un scandale pis que je sois obligé de me défendre en anglais, mon anglais parlé est pas assez bon pis j'ai pas envie de faire rire de moi par-dessus le marché ! » Intérieurement j'étais le Krakatoa au bord de l'éruption mais extérieurement je voulais donner l'impression d'être quelqu'un pour qui aller au cinéma n'avait rien de bien exceptionnel, un critique, peut-être, oui, tiens, un critique un peu blasé qui est obligé de venir se taper un film qu'il n'a pas vraiment envie de voir et qui profite de cette fin d'avant-midi pour ne pas gâcher sa journée. Quelqu'un qui se fout complètement qu'on lui refuse l'entrée ou non parce que ce film-là, vraiment... Elle ne m'a probablement pas regardé ou alors elle a admiré mon toupet au point de passer outre ses règlements et convictions, toujours est-il que je me suis retrouvé avec un billet à la main sans que l'enfer s'ouvre sous mes pas ou que la foudre s'abatte sur mon petit corps gracile. C'était presque trop facile, j'ai hésité une fraction de seconde avant de m'éloigner de la caisse.

J'avais un billet pour aller voir *The King and I* deux ans avant le temps !

Je me souviendrai toujours de l'état d'euphorie dans lequel je me trouvais en montant l'escalier au tapis profond. Je me suis regardé dans l'immense miroir qui suivait la rampe de l'escalier des deux côtés et qui multipliait à l'infini mon image... J'avais pourtant l'air d'un ti-cul ! Un pauvre ti-cul endimanché qui veut accéder à une chose dont il est indigne... Comment pouvais-je tromper qui que ce soit ? Je sifflais toujours mais ma bouche restait coincée, j'avais l'impression que je ne pourrais jamais plus desserrer les muscles de mes lèvres.

Le déchireur de tickets ne m'a même pas regardé et je suis descendu dans la salle aux prises avec un nirvana d'une intensité de 8,5 à l'échelle de Richter.

C'était un écran mur à mur, le Cinémascope dans toute sa splendeur, et un ballet siamois revu par Rogers et Hammerstein déroulait ses extravagances pendant que Rita Moreno psalmodiait : « Run, Little Eva, run ! » Alors j'ai couru vers le siège le plus anonyme, le plus près de l'écran possible, là ou personne ne s'assoit jamais parce que ça donne mal à la tête, et je me suis laissé engloutir pendant deux heures et demie dans le sirop un peu écœurant mais tellement rassurant des couleurs, de la musique, des danses, des chansons, des décors, des robes époustouflantes de Deborah Kerr (qui allait d'ailleurs devenir la grande idole de mon adolescence, en tout cas jusqu'à l'arrivée de Shirley MacLaine dans *Some Came Running*), et des séduisants costumes de Yul Brynner.

J'étais ravi, ému, et je me suis juré que désormais j'irais au cinéma « pour adultes » au moins une fois par semaine. Finies, les niaiseries pour enfants ; à partir de maintenant la production mondiale de cinéma, ou du moins ce qu'il en parvenait à Montréal, était à moi. J'étais un adulte.

# *LES VISITEURS DU SOIR*

Un groupe de pierre avec un cœur. Un groupe de pierre de deux personnes avec un seul cœur pour les deux. Qui bat. Ils s'embrassent dans un baiser pour l'éternité et on entend leur cœur battre à travers leur corps de pierre. Jules Berry, génial démon presque sympathique dans sa méchanceté tant son charme est grand, les fouette en hurlant : « Il bat ! Il bat ! Il bat ! » Marie Déa et Alain Cuny sont figés pour toujours dans l'action de s'embrasser. L'amour d'un saltimbanque et d'une baronne a triomphé de tout et ils s'embrassent devant tout le monde pour l'éternité. C'est la fin.

Je suis assis dans la chaise berçante de ma mère, devant le poste de télévision. Je n'ai pas touché à mon gâteau renversé aux ananas, mon verre de Quick est resté sur le bord de la table, inentamé. Mon père est revenu du travail et je l'ai à peine salué. Monsieur Migneault est allé se coucher au bout de cinq minutes après le début du film en marmonnant : « Encore une maudite niaiserie française ! » et je lui en suis reconnaissant. Il est bientôt une heure du matin. Le « Ô Canada », comme une insulte à l'intelligence, déplie ses flonflons pendant que bat l'Union Jack. Quelqu'un nous dit que les émissions vont reprendre demain après-midi.

Je ne serai plus jamais le même. Un film tourné pendant la guerre dans des conditions et avec un sous-texte que je ne comprendrai que beaucoup plus tard vient de transformer ma vie. La poésie de Prévert, les chansons autant que les dialogues du film, m'ont transporté dans un monde dont je ne soupçonnais même pas l'existence ; le visage d'Arletty a fait chavirer mon cœur , la voix d'Alain Cuny a vibré en moi comme une lumière. Elle, qu'il appelle sa sœur mais qui est sa maîtresse, a découvert le cynisme ; lui, l'amour. Marcel Carné est allé brasser dans mon âme, avec ce texte, avec ces acteurs, avec ces images, les émotions, les doutes, les questionnements qui feront que je voudrai être écrivain.

J'écris déjà, bien sûr, mes compositions sont louangées à l'école, je bricole de petites choses sur la machine à écrire de mon frère, mais jusque-là j'avais la certitude de ne pas être digne du mot écrivain ou, plutôt, j'étais convaincu que je n'avais pas le droit de rêver à l'écriture comme du moyen officiel, le seul acceptable, la seule nourriture viable, de m'exprimer parce que j'étais issu d'un milieu qui ne donnait des artistes que si ceux-ci niaient leurs racines pour épouser la vie, les idées d'un monde prétendument supérieur et à part. Je n'avais personne pour me dire si j'avais tort ou raison mais ce sens d'indignité était très ancré en moi.

Et en une heure et demie tout ça a été renversé à jamais. Je ne saurais dire comment ni pourquoi, peut-être à cause de ces troubadours pauvres qui arrivent dans un château pour en ébranler les bases mêmes sans vraiment le vouloir, par leur seule présence, par leur seule existence ; peut-être, oui, à cause de leur simplicité à côté de la prétention du méchant baron joué par Fernand Ledoux, de la préciosité du démon, mais je sais qu'à partir de demain je vais essayer, dans des textes transposés sinon poétiques, de dire qui je suis ou, du moins, de le chercher à travers l'écriture. Je peux moi aussi avoir la tête dure, croire malgré le peu de chances que j'ai de réussir, persévérer, rêver s'il le faut parce qu'il faut une bonne dose de rêve pour penser qu'on peut pondre des textes publiables quand on a refusé l'éducation officielle, les grandes écoles, le collège, l'université, pour essayer tout seul de se bâtir une culture, imparfaite, échevelée, disparate, c'est vrai, mais au moins personnelle. Comme les amoureux dans le film, le poète et la femme mariée, qui passent à travers tout parce qu'ils croient qu'ils ont raison.

À partir de maintenant je vais croire que j'ai raison d'écrire.

Le déclencheur dont j'avais besoin s'est manifesté, merci monsieur Carné, merci monsieur Prévert, je serai écrivain quoi qu'il en coûtera !

Je souris quand même de ma naïveté en me déshabillant. Mon sens du ridicule, quelque part entre ma prétention d'adolescent doué et ma terreur d'enfant qui commence à comprendre que le monde est autre chose qu'un terrain de jeu un après-midi d'été, cette tendance que j'ai de ne pas me prendre au sérieux trop longtemps me renvoie de moi-même une image plutôt cocasse : le pauvre ti-cul de la rue Cartier qui veut se hisser à côté... Je n'ose même pas citer de noms tant cette pensée me semble absurde.

Mieux vaut se réfugier dans le rêve, comme d'habitude, comme après la cérémonie des Oscars quand je n'arrive plus à m'endormir tant j'envie tout ce beau monde ou après le couronnement de Miss Radio-cinéma-télévision parce que je voudrais être Denise Pelletier, l'actrice de l'année, ou Marcel Dubé qui a écrit la meilleure pièce... Je rêve avant de m'endormir de faire partie d'eux, j'en rêve aussi dans mon sommeil.

Mais un autre songe se mêle, se tricote au premier. Marie Déa et Alain Cuny, qui ne veulent pas céder, seront punis... Seule la mort pourra venir à bout de leur entêtement. Jules Berry lève le bras, la transformation, la punition commencent : la robe de Marie Déa, les jambes d'Alain Cuny deviennent de la pierre, leur torse aussi, alors avant que la pierre envahisse tout et les rende aveugles pour toujours ils se regardent, s'embrassent. Et ils sont figés dans cette position. Mais leur cœur, un seul pour les deux désormais, continue à battre. Ils n'ont pas cédé. Ils sont vainqueurs. Et le baron (le pouvoir ?), et le démon (la religion ?) n'y peuvent rien.

* * *

Le lendemain, au retour de l'école, je commence la rédaction du petit roman qui suit. Mes premiers vrais pas.

*New York, 17 avril – 24 juillet 1990*

# LES LOUPS SE MANGENT ENTRE EUX

roman

## NOTE DE L'ÉDITEUR

Ce petit roman, écrit par Michel Tremblay à l'âge de 16 ans, est présenté ici dans sa version intégrale, avec ses naïvetés, ses audaces de fond et ses « imperfections » de forme.

Dans la grande église surchauffée, quelques centaines de personnes suaient, entassées quatre par quatre dans des bancs à trois. Du haut de sa chaire, le vieux curé répétait pour la sixième fois que... « Jésus est venu sur la terre pour nous sauver et que nous devons le remercier en cette belle nuit de Noël... » Quelques hommes, déjà ivres, dormaient, la tête enfouie dans leur paletot d'hiver. Les femmes, toutes peinturées et toutes déguisées, paraissaient attentives, mais leur esprit était bien loin du sermon du vieux curé grippé. Les enfants, les yeux grands ouverts, absorbaient autant de lumière qu'ils pouvaient. Eux seuls pensaient à celui qui venait de naître ; eux seuls guettaient la crèche dans l'espoir de voir bouger ce petit paquet de chair gelée ; eux seuls attendaient impatiemment les bergers, les pauvres bergers avec leurs cadeaux mouillés.

« C'est la grâce que je vous souhaite à tous, au nom du Père, du Fils, du Saint-Esprit, ainsi soit-il. »

On se leva. La tête encore lourde de rêves, certains dormeurs se demandaient où ils étaient. Les tousseurs cessèrent de tousser. Les enfants quittèrent à regret l'étable magique pour rejoindre les grands à l'autel ennuyeux.

Le credo. « Je crois en Dieu, le Père tout-puissant... » Huit cents personnes récitaient ces paroles du bout de la pensée, et les paroles que la pensée oubliait ou omettait enlevaient à la prière tout sens. Le credo. Un long paquet de mots avec une génuflexion dans le milieu.

On se rassit. Les dormeurs se rendormirent et les tousseurs se remirent à tousser. Et le chœur s'égosillait là-haut.

Après un canon à trois voix qui fit pleurer les vieilles et empêcha quelques messieurs de roupiller, ce fut l'élévation. Huit cents corps prosternés, huit cents têtes vides. Les enfants s'étaient remis depuis longtemps à penser à la crèche, à l'étoile, aux anges qui chantaient des cantiques avant même que les cantiques ne soient inventés. Une clochette ; n'est-ce pas un berger qui sonne pour annoncer l'arrivée du promis ? Une autre clochette ; les têtes se penchent. Des têtes vides. Machinalement, quelques vieilles récitent leur prière du matin. Une troisième clochette ; les mêmes têtes vides se relèvent. Le prêtre a éternué, que c'est drôle ! Encore trois sons de cloche et on pourra enfin se relever...

Quand l'orgue se remit à rugir et le chœur à beugler, la moitié de l'assistance se retourna et leva la tête pour voir les faiseurs de vacarme. On sourit quand l'orgue du frère Isidore détonna au beau milieu d'une envolée de pieuses notes.

*Ite missa est.* Un petit garçon se pencha vers sa mère : « Tu as entendu ce que le prêtre dit, maman ? C'est comme ça que *Maria Chapdelaine* commence ! Les mêmes mots ! J'ai lu le commencement dans mon livre de français... »

L'église est à moitié vide depuis un bon moment déjà.

« Vous n'entendez pas les trois messes ?

... Non. C'est beaucoup trop long ! »

Le perron est grouillant de monde. Il y a là des riches avec des sourires en or et des pauvres sans sourire du tout ; il y a là des grosses femmes déguisées en animaux à fourrure et de petites femmes déguisées en plumeaux ; il y a là des enfants chaussés de bottes doublées de fourrure et des enfants en souliers d'été.

— Joyeux Noël !

— Joyeux Noël, vieux !

Des poignées de main, des embrassades, des coups de pied, des coups de coude, des sourires mielleux, des sourires hypocrites, des sourires en coin, des sourires en carré, des sourires en triangle, des haleines qui puent la boisson à plein nez.

— Pourquoi ne venez-vous pas réveillonner chez moi ?

— Je ne puis ma chère, je suis invitée chez un ami...

Les taxis se sont donné rendez-vous en face de l'église. Les automobilistes se disputent le chemin, une vieille dame qui voudrait traverser, et qui n'ose pas de peur de se faire frapper par un de ces imbéciles, gèle sur un coin.

La ville est tout imprégnée d'une atmosphère de fausse joie ; d'une joie fabriquée de tourtières et de boissons alcooliques. On oublie pourquoi on réveillonne. On oublie qui on fête. On décore les maisons de guirlandes, de boules, de glaçons ; et les âmes ? Le péché n'est pas une décoration ! Il n'y a pas de neige. Il n'a pas encore vraiment neigé cette année, mais il fait quand même très froid. Un froid pâle et glacé court à travers les rues désertes. Il s'engouffre en riant dans les maisons des pauvres qu'il égorge avec un plaisir sadique.

C'est Noël.

* * *

Il faisait froid dans le taxi. Sur la banquette arrière, Jocelyn pleurait. Il y avait si longtemps qu'il n'avait pleuré ! Depuis des mois, des années peut-être, il n'avait pas senti ces petites choses froides couler le long de ses joues, et ce mal juste là, dans la gorge, ce mal qu'on ressent quand on est fatigué de pleurer. Et Jocelyn était fatigué de pleurer. Déjà. Quand il avait commencé à sentir couler les larmes, Jocelyn avait été heureux. Pendant un très court instant, il avait savouré cette chose retrouvée, presque neuve puisqu'oubliée. Il faisait froid dans le taxi. Les larmes gelaient sur les joues et dans les cils de Jocelyn. Et Jocelyn s'était fatigué de pleurer.

Quand la voiture s'arrêta devant la maison, une maison de briques rouges, immense, avec des tours, des pignons, des toits en pointu et des fenêtres grandes comme des vitraux d'église, enfin une de ces maisons dont on dit qu'elles doivent abriter des familles heureuses et unies parce que riches. Jocelyn essaya d'essuyer une dernière larme, mais le chauffeur avait vu. « Chagrin d'amour, mon petit ? »

Jocelyn haussa les épaules et ne répondit pas.

« Pourquoi au juste est-ce que j'ai pleuré ? Je ne sais pas. Ça m'a pris comme une envie de chocolat ou de crème glacée... »

De grands arbres aux bras gelés couraient par-dessus l'auto. Dans le ciel noir comme de l'encre, la lune faisait une tache brillante, un péché blanc sur une âme noire. Elle semblait bien seule, la lune. Pour sûr qu'elle devait geler, si haut perchée !

« Il doit pourtant y avoir une raison ! On ne pleure pas sans raison, juste parce qu'on a envie de pleurer. »

Les rues étaient désertes, nues, abandonnées, mais toutes les fenêtres étaient éclairées. Dans chacune de ces maisons de riches on grignotait un pauvre petit morceau de bonheur pour la Noël. Les arbres couraient de plus en plus vite par-dessus l'auto ; ils semblaient avoir peur de manquer un rendez-vous important...

« Il faut que je trouve. Il faut absolument que je trouve ! »

* * *

— Vous n'êtes pas encore partis ?

Jocelyn s'était arrêté au milieu du hall d'entrée et regardait sa mère, dans sa robe blanche (vous savez bien, cette fameuse robe signée Dior, mais oui, la robe qu'elle s'était achetée pour aller au bal des petits souliers de satin rose !), qui descendait l'escalier en fumant.

— Ton père refuse de m'accompagner à ce réveillon. Et naturellement, il a attendu que je sois tout habillée pour me le faire savoir !

Geste d'impatience. « Où sont donc les cendriers... ah oui... »

Christine Déjazet était très belle. On avait déjà dit d'elle qu'elle était la plus belle femme de Montréal... Mais on dit tellement de choses... Elle possédait un visage assez intelligent, ce qui compensait pour l'intelligence qu'elle n'avait pas, avec des yeux d'un vert profond (comme la mer, diraient certains poètes, les mauvais), un nez un peu long mais quand même beau, une bouche toute petite, relevée aux coins, ce qui lui donnait un faux air de Joconde, ou encore un air de fausse Joconde, et des joues douces et blanches, coupées de délicieuses petites fossettes. Mais ce qui était le plus attirant chez elle, c'était son front. Elle l'avait magnifique. Elle l'avait intelligent. Il attirait tout de suite l'attention. Il possédait ce je ne sais quoi qui fait qu'on dit d'un front qu'il est intelligent. Était-ce sa largeur ? Était-ce sa blancheur ? Non. Oui, peut-être. Toujours est-il qu'elle savait qu'elle avait un beau front. Aussi, ne le cachait-elle pas. Bien au contraire. Elle avait toujours été coiffée de façon à faire paraître ce front. Elle paraissait très intelligente en autant que son front était découvert. Le front caché, son visage restait très beau, mais il perdait de sa personnalité et de son intelligence. Christine portait à merveille ses trente-neuf ans. On lui en aurait donné trente, pas plus. Madame Lebrun, une jalouse, disait d'elle qu'elle était bien conservée. Qu'elle devait être momifiée. « Elle a dû découvrir le secret des Égyptiens. »

En la voyant là, debout au milieu du hall, dans toute sa splendeur, Jocelyn pensa aux paroles que lui avait dites monsieur Coutu, quelques jours auparavant : « Jeune homme, vous avez la chance d'avoir une mère très jeune et très belle. Sachez la garder encore longtemps. » Peut-on dire de telles idioties ! Ma mère est belle, d'accord, mais elle n'est plus très jeune. Pour ce qui est de la garder encore longtemps... J'aimerais mieux l'échanger contre une femme laide et vieille, mais qui serait pour moi une mère, une vraie. Cette femme n'est pas une vraie mère.

Cela, Jocelyn le savait depuis longtemps. Il s'était aperçu fort jeune que sa mère n'en était pas une, qu'elle ne savait pas l'élever comme un garçon doit être élevé, qu'elle ne l'aimait pas comme on aime un garçon, mais comme on aime une poupée. Il avait toujours été la poupée chérie, le jouet merveilleux de Christine.

Un, deux, trois, quatre gros diamants se promenaient sur sa poitrine à peine voilée. « Maman ne possède que des bijoux affreux... »

Christine avait un drôle d'air depuis quelques instants. Elle s'approcha de son fils et passa l'ongle de son pouce sur une des joues du garçon.

— Tu as pleuré ? Pourquoi as-tu pleuré ?

— Je n'ai pas pleuré, Christine. C'est parce qu'il faisait froid.

— Si, si, tu as pleuré ! J'en suis sûre. Je le sens. Mon pauvre chéri, tu as de la peine ? Qui est-ce qui t'a fait de la peine ?

— Veux-tu me laisser tranquille ? Si j'ai pleuré, ça me regarde, non ? Alors fous-moi la paix !

On s'habitue à tout. Même à ça ? Christine se le demandait. « Jamais je ne pourrai m'y faire... On ne parle pas sur ce ton à sa mère... »

Christine Déjazet entra dans le salon pendant que Jocelyn commençait à monter l'escalier. Elle s'étendit plus qu'elle ne s'assit dans le grand fauteuil noir et or, au fond de la pièce. Là où c'était le plus sombre. Tout au fond du salon. Pourquoi si loin ? Pourquoi précisément au fond du salon ? Elle mit sa tête dans ses mains.

« Jamais je ne pourrai m'y faire. C'est pourtant moi qui l'ai voulu ainsi. Je n'aurais pas dû le laisser faire quand, tout petit, il a commencé à me dire des bêtises. Je trouvais ça drôle. J'aimais quand il se mettait en colère. Mais maintenant il est trop vieux. Ce qu'il me dit me blesse. Que c'est difficile d'élever des enfants ! Une chance que je n'en ai pas plusieurs ! »

En relevant la tête, elle vit où elle était assise. « Tiens, c'est drôle. Quand j'ai de la peine je viens toujours m'asseoir ici. Dans le fauteuil noir. Je me demande pourquoi... »

Elle se leva, se dirigea vers le bar. Elle prit une bouteille au hasard. « Tu parles d'une drôle de couleur ! » La boisson était d'un jaune-vert assez repoussant. Christine répéta : « Quelle drôle de couleur. » Elle employait le mot drôle presque sans arrêt. Pour elle, tout était drôle. Quelle drôle de couleur, quel drôle de chapeau, tiens, c'est drôle, drôle de bonhomme... Elle ne s'en apercevait pas, mais pour les gens qu'elle fréquentait cela devenait agaçant à la longue. Elle fit la grimace en avalant la boisson qu'elle s'était versée. Ce que ça peut être méchant ! Elle frissonna. Un autre. Jocelyn est parti dans sa chambre. Oh, j'oubliais !

— Jocelyn ! Jocelyn m'entends-tu ?

— Qu'est-ce qu'il y a ?

— Qu'est-ce que tu fais ?

— Je me déshabille. Je suis capable tout seul maintenant, tu sais !

— Ne te déshabille pas. Tu m'accompagnes chez les Coutu.

Un court silence. Une porte qui s'ouvre. Des pas. Puis Jocelyn apparaît au haut de l'escalier.

Il n'a pas l'air tout à fait d'accord. Oh, cette boisson commence à faire effet !

— Christine, tu sais bien que je déteste les réceptions !

— Pour me rendre service, mon chou ! S'il vous plaît ! Me vois-tu arriver toute seule chez les

Coutu ? Qu'est-ce qu'on dirait ? Tandis que, si tu es avec moi...

— Pourquoi vous êtes-vous disputés, papa et toi ?

— Papa ? Tu l'appelles papa maintenant ? Qu'est-ce qui te prend ? Tu n'es pas aussi respectueux envers moi !

— Je t'en prie, réponds-moi. Pourquoi ?

— Mais tu sais très bien que nous nous disputons toujours pour des riens, ton père et moi. Je ne sais même plus pourquoi il ne veut pas venir... mais toi, tu viendras n'est-ce pas ? Quand ça serait seulement pour me faire plaisir ? Je tiens absolument à aller réveillonner chez les Coutu. Tu sais comme ils savent bien recevoir...

Jocelyn était retourné dans sa chambre sans répondre.

Christine enleva un de ses bracelets, qui lui faisait mal au poignet. Tout en frottant la petite marque rouge que l'or avait laissée, elle se dirigea vers le fauteuil au fond du salon. « Faut croire que ma nuit est à l'eau » pensa-t-elle en fermant les yeux. « Je ne sais même pas si je le regrette. » Elle n'était pas encore déçue. Pourtant elle s'était fait une joie d'accepter l'invitation d'Angéline. « Justement nous n'avons rien à faire cette année pour le réveillon de Noël. Mes parents étant morts au cours de l'année et ceux de Georges étant en Europe... » Elle avait reçu une carte de Paris. Une carte. Pas une lettre. Toute petite, la carte. C'était signé : M. et Mme Déjazet. Il y avait aussi un petit mot d'écrit : Paris, c'est bien beau, mais ça manque un peu de neige. Faisons un très beau voyage. « Ils devraient pourtant savoir qu'il n'a pas neigé ici non plus. Quand ils sont partis, il y a deux semaines, il faisait presque chaud. »

Non elle n'était pas encore déçue. Elle ressentait seulement un vide en elle comme quand on vient de se brûler au pied et qu'on n'a pas encore eu le temps de ressentir la douleur. Mais peut-être était-ce aussi l'effet de la boisson. « Ça ne m'en prend pas beaucoup. »

Elle se rappela le jour, lc fameux jour où elle s'était saoulée dans la cave de la maison de ses parents parce que ceux-ci refusaient de la laisser sortir. « J'avais apporté une bouteille de vin rouge et je l'avais toute bue. Ce que j'avais pu être malade après. »

Sans le penser, sans même le vouloir, elle se leva comme mue par le ressort d'un cadran et elle se versa un autre verre. Elle revoyait son père. Henri Monnet. Ce même Henri Monnet qui avait écrit, vingt ans auparavant, une série de cinq livres sur *La vie privée des abeilles*. « Jc l'aimais bien, papa. Gentil. Un amour. » Puis elle pensa à son corps à lui, à son corps mort qui était en train de geler à quelque part, là-bas, dans le cimetière de la Côte-des-Neiges ; à son corps qui devait être à moitié décomposé maintenant et qui devait être affreux à voir. « Mais personne ne le reverra jamais. Personne ne pourra jamais avoir peur du corps de mon père... Comment se fait-il que j'aie un verre à la main ? Et à moitié vide encore ! Non, personne ne pourra... seulement à la fin du monde. Alors je reverrai papa. Mais le reconnaîtrai-je ? Quel âge aura-t-il après le Jugement dernier ? L'âge auquel il est mort ? Alors je plains Mathusalem ! »

Christine se mit à rire. « Mathusalem. Tu parles d'un nom ! La Bible en est remplie de ces noms farfelus. Nabuchodonosor. » Elle se prit à épeler le nom de N-A-B-U-C-H-O-D-O-N-O-S-O-R. « Je ne me souviens plus si ça prend un "h". » Puis tout d'un coup, elle fut déçue. Elle eut de la peine soudain. Mais sa peine était imprécise, comme une ombre ; non, comme une ombre qui passe dans l'ombre et qu'on essaie de reconnaître. « Je ne me souviens plus pourquoi je suis déçue. Mais ça ne fait rien, j'ai quand même envie de pleurer. Je crois même que je pleure depuis un moment. Comme Jocelyn. Jocelyn a pleuré en revenant de la messe de minuit. Oh ! je me souviens pourquoi j'ai de la peine. » Cela suffit pour qu'elle n'en eût plus. « Ce n'est pas si grave. J'irai chez les Coutu un autre jour. » Quand même, quelle brute il était, ce Georges ! Lui gaspiller son plaisir comme ça. Elle crut s'endormir, ainsi elle s'aperçut qu'au contraire, elle s'éveillait.

Un très beau jeune homme se tenait devant elle. Il n'avait pas encore eu le temps d'enlever sa main sur l'épaule de Christine.

— Tiens, Jocelyn. Je n'avais jamais remarqué que tu étais si beau.

« Pourtant, pensa Jocelyn, tu n'as pas arrêté de me regarder depuis que je suis né. »

Ils se regardèrent un instant.

— Je n'avais jamais remarqué que tu étais si belle.

« Pourtant, tu n'as pas cessé de me regarder depuis que tu es né. »

— J'ai décidé de t'accompagner à ce réveillon, Christine. Ce sera ton cadeau de Noël. Mais il faut faire vite, il est déjà tard.

— J'ai dormi longtemps ?

— Un quart d'heure tout au plus. Il est deux heures.

— Du matin ?

* * *

— Ne conduis pas si vite, Jocelyn, tu vas nous tuer ! Ce n'est pas le temps d'avoir un accident ! Qu'est-ce que ton père dirait s'il te voyait conduire son auto comme si c'était une vulgaire bicyclette ?

La voix de corbeau de sa mère le ramenait toujours un peu trop brutalement à la réalité. Déjà quand il était petit, il n'osait pas rêver en présence de sa mère parce qu'il savait que sa voix détestable gâcherait son rêve et qu'il lui en voudrait de l'avoir réveillé brusquement.

Tout à coup, Jocelyn appliqua les freins de toutes ses forces. Christine cria et faillit passer au travers du pare-brise.

— Mais tu es fou ! Qu'est-ce qui te prend ?

Jocelyn avait trouvé. Il savait pourquoi il avait pleuré dans le taxi ; il savait pourquoi il voulait se coucher en arrivant chez lui et n'avait pas envie d'aller réveillonner chez les Coutu ; il savait pourquoi il avait pensé à cette chose horrible, la mort, l'autre jour dans son bain : Sylvain ! C'était à cause de Sylvain !

Jocelyn cherchait un coin tranquille où il pourrait réfléchir.

Il avait pleuré à cause de Sylvain ! Quand Sylvain lui avait appris qu'il partait pour toujours, cela lui avait fait de la peine, mais de là à se mettre à pleurer...

La maison était bondée de gens et il n'y avait pas un seul endroit qui ne fût occupé par quelque ami ou parent de madame. Jocelyn finit par s'installer sur un petit sofa tout laid, près de la cheminée, entre une longue femme sèche à la peau de cire et un grand anémique aux mains vertes qui parlait tout seul.

Même quand Sylvain était parti, il n'avait pas pleuré. Et voilà que ce soir, presque deux mois plus tard... « Je n'y comprends rien. Et pourtant je suis sûr que c'est à cause de lui que j'ai pleuré ! »

Un grand feu flambait dans la cheminée ; un grand feu qui crachait partout des étincelles d'or et qui faisait des ombres de fantômes en furie. Cela rappela à Jocelyn un certain soir où il était allé coucher chez Sylvain ; un certain soir où, étendu avec son ami devant la cheminée, il lui avait semblé pour la première fois que... « Mais non, c'est impossible. Je suis normal. Même si les jeunes filles ne m'attirent pas, ça ne veut pas dire que je sois... Pourtant, si les jeunes filles ne m'attirent pas, c'est qu'il y a quelque chose qui ne va pas en moi... »

La femme en cire se pencha vers Jocelyn : « Pardon jeune homme, ne seriez-vous pas le fils de monsieur et madame Déjazet ? » Elle, son nom c'était Joséphine Prud'homme. « Vous savez bien, la fleuriste, oui, oui, c'est cela, la fleuriste de chez Larose. Vous ne m'aviez pas reconnue n'est-ce pas ? Il y a si longtemps... Pas beaucoup de morts ces derniers temps dans votre famille. Remarquez que j'en suis fort heureuse pour vous. Mais peut-être avez-vous changé de fleuriste ? Une bien jolie bague que vous avez là. » « La barbe » avait envie de crier Jocelyn, mais il s'excusa poliment et prit congé de la dame. « Je ne pourrai pas réfléchir à mon aise ce soir. Il faudra que j'attende. Encore. »

Angéline Coutu se pencha sur l'épaule de madame Du Tremblay, une fausse noble qui avait ajouté un Du devant son nom trop commun pour des gens riches, et lui dit : « Voici Christine Déjazet qui arrive. Regardez-la se pavaner. Elle sait un peu trop qu'elle est belle pour son âge ! »

— Belle elle ? s'exclama madame Du Tremblay, vous voulez dire que son masque est beau ! Elle est plus maquillée qu'un bouffon de cirque ! Et pour ce qui est de son âge, vous savez...

Les deux femmes rirent tout bas. (Il ne fallait pas que quelqu'un les entende et leur demande pourquoi elles riaient, qu'auraient-elles pu répondre, elles, les amies de madame Déjazet ?)

Angéline avait toujours détesté Christine Déjazet, mais elle ne le laissait pas trop paraître, surtout devant madame Déjazet elle-même, de sorte que celle-ci la prenait pour sa meilleure amie. Angéline enviait la beauté de Christine. Laide comme un péché, elle ne pouvait souffrir qu'une femme plus basse qu'elle dans l'échelle de la société lui soit supérieure en beauté. Madame Du Tremblay, elle, enviait la jeunesse de madame Déjazet ; elle essayait même de faire croire aux gens que Christine était beaucoup plus vieille qu'elle ne voulait le laisser paraître.

« Attention, elle vient vers nous » chuchota Angéline. Quand Christine vit que son amie était avec madame Du Tremblay, elle fit la grimace. La Du Tremblay lui tapait sur les nerfs avec ses gestes de fausse noble. « Une vieille chipie ! Il faudrait pourtant que je me décide à le lui dire un de ces jours... » Souriante, elle tendit la main à Robertine Du Tremblay. « Comment allez-vous, chère amie ? » Elle avait mordu dans ce « chère amie » comme on mord dans un citron ; Robertine Du Tremblay l'avala comme on avale une potion d'huile de ricin.

— Tu arrives bien tard, chérie, susurra Angéline. Où est ton mari ?

— Il avait une affreuse migraine, figure-toi. Mais j'ai amené Jocelyn avec moi. Jocelyn serra la main qu'Angéline lui présentait et salua légèrement madame Du Tremblay.

— Je suis très contente que tu sois venu, dit Angéline Coutu. J'ai justement une ravissante jeune fille à te présenter.

— Ah oui ? Jocelyn fit le content. Je serai ravi de faire la connaissance de cette jeune fille.

Christine s'était presque couchée entre Angéline et madame Du Tremblay. Jocelyn détourna les yeux pour ne pas la voir.

Tout transpirait la richesse de mauvais goût dans cette maison beaucoup trop grande pour deux personnes. Jocelyn trouvait que les Coutu n'avaient pas, mais alors là pas du tout, eu de goût pour décorer leur maison. On y avait mêlé sans scrupule l'antique et le moderne, ce qui donnait aux appartements un style tout à fait idiot. Les gens trouvaient cela très original et ne manquaient pas de féliciter les Coutu pour leur ingéniosité, mais Jocelyn, lui, trouvait tout cela horrible. Le salon était d'un entre-deux-verts qui donnait la nausée au jeune garçon. Les meubles, roses et rouges, étaient de style Louis XV et des peintures modernes, affreuses par-dessus le marché, pendaient aux murs. Le tapis de laine était du même vert que les murs. « À leur place, j'aurais honte d'avoir un salon comme celui-ci » pensait Jocelyn.

Madame Coutu était très fière de sa maison et surtout de son salon. « Ça nous a pris des années, à mon mari et à moi, disait-elle à qui voulait l'entendre, pour monter notre maison et je crois que nous avons le droit d'en être fiers. Notre salon rouge et vert fait des envieux. On nous copie partout ! »

Quand Jocelyn entrait dans cette maison, il se sentait gêné. Il n'aurait pu expliquer pourquoi, mais la maison lui donnait envie de vomir.

Jocelyn s'assit dans un grand fauteuil rouge et ferma les yeux. Il aurait voulu réfléchir un instant, oh ! un tout petit instant, mais allez donc essayer de penser dans un chahut pareil ! On criait, on dansait, on riait... une bande d'idiots. Christine et ses deux amies riaient très fort sur le sofa orange. « Elles doivent être en train de dévorer quelqu'un », pensa Jocelyn.

* * *

Une petite vieille toute cassée passa devant lui. « Bonsoir, jeune homme, dit-elle de sa voix de criquet, vous allez bien ? Je viens d'apercevoir votre mère, elle rajeunit de jour en jour... » Jocelyn n'eut pas le temps d'ouvrir la bouche que déjà la vieille s'était fondue dans un groupe de petits vieux déguisés en jeunes.

* * *

— Ton fils est bien songeur, Christine, serait-il malade ?

— Je ne sais pas ce qu'il a, il est tout drôle depuis quelque temps. Quand il est revenu de la messe de minuit, ce soir, je me suis aperçue qu'il avait pleuré. Il n'a rien voulu me dire. Il a même nié avoir pleuré.

— Tu sais, les jeunes sont très émotifs. De plus ton fils vient de perdre un ami...

— Ce n'est sûrement pas pour ça qu'il a pleuré... D'ailleurs ça fait deux mois que Sylvain est parti.

— Il était peut-être plus attaché à ce Sylvain que tu ne le crois...

* * *

Elle était venue rejoindre son fils.

— Tu n'as pas une très belle façon ce soir, Jocelyn. Quelque chose qui ne va pas ?

— J'aurais dû suivre ma première idée et ne jamais venir à ce réveillon ! Tous ces gens maniérés m'énervent ! Regarde notre hôtesse, on dirait un numéro de chien savant ! À la voir habillée de la sorte, on se demande si c'est une femme ou un paquet de guenilles !

* * *

Madame Déjazet éclata de rire. « Tu es merveilleux quand tu te fâches, Jocelyn ! Je t'adore ! » Elle se pencha vers son fils et appliqua ses lèvres sur son front. Jocelyn crut en mourir de honte.

* * *

Angéline Coutu s'approcha un peu plus de madame Du Tremblay. « Vous savez, n'est-ce pas, chère amie, que le garçon de madame Déjazet est un pédéraste ? »

* * *

Dès qu'elle aperçut Jocelyn, Isabelle fut frappée par sa beauté. C'était vraiment un beau garçon. Il était peut-être même un peu trop beau pour un garçon. L'extraordinaire douceur dans son regard plut tout de suite à la jeune fille. Jocelyn ressemblait beaucoup à cette jeune femme avec qui il conversait ; était-elle sa sœur ? Mais peut-être était-ce sa mère aussi, après tout ce n'est pas tout le monde qui a des parents vieux comme les miens. Je ne sais pas qui ils sont. Sûrement des amis de ma tante...

* * *

« Vous avez vu l'air qu'il a fait quand je lui ai dit que j'avais une jeune fille à lui présenter ? Il s'est efforcé de paraître content, mais on ne trompe pas Angéline Coutu. Il n'y a pas à s'y tromper, c'en est un ! D'ailleurs, vous savez ce qui se racontait sur l'amitié qu'il entretenait avec le jeune fils du nouvel ambassadeur du Canada au... Mais je vais le présenter tout de suite à Isabelle, la fille de ma sœur Georgette, une charmante jeune fille et je ne vous dis que ça, on verra bien sa réaction. »

* * *

Quelques secondes plus tard, Isabelle et Jocelyn avaient été présentés l'un à l'autre. « Il est encore plus beau de proche, pensait Isabelle. » « Elle n'est pas laide, on pourrait même dire qu'elle est assez jolie » pensait Jocelyn. Ils ne parlaient pas. Isabelle regardait les yeux du garçon. Des yeux extraordinaires ! Et grands ! D'un vert tirant un peu sur le brun. Isabelle se sentait toute chaude à l'intérieur. « Serait-ce ça, le coup de foudre ? »

Jocelyn se décida enfin à ouvrir la bouche.

— Vous allez encore à l'école ?

— Oui, je fais mon cours secondaire. La voix plut à Jocelyn. Et vous ?

— Je fais mon cours classique. Rhétorique.

Elle aimait la lecture et le cinéma, lui aimait le théâtre et la musique. Surtout l'opéra.

— L'opéra ? Je déteste l'opéra. Je ne puis souffrir ces longs cris calculés, numérotés. D'ailleurs tous les livrets d'opéra sont absurdes.

— Tous les livrets d'opéra ne sont pas absurdes ! Et quand le livret est absurde, la musique le rachète. Prenez *Il Trovatore* par exemple, l'histoire, il est vrai, est tout à fait idiote, mais la musique...

Ils se quittèrent assez froidement. Divergence d'opinions. Isabelle ne voulait pas du tout avouer que les livres de Gangrène étaient aussi, sinon beaucoup plus, idiots que certains livrets d'opéra. Elle avait à peu près tout lu Gangrène. Et c'était son auteur favori. De plus son comédien préféré était Georges Sandrin. Georges Sandrin ! Jocelyn n'en revenait pas.

— Tout ce qu'il est capable de faire, c'est des films de cape et d'épée.

— Il est très beau, et...

— Ah voilà ! Il est très beau ! Je t'en prie (dans l'ardeur de la discussion ils s'étaient mis à se tutoyer) ne confondons pas beauté et talent ! Moi je dis que ce gars-là n'a pas de talent.

— C'est parce que tu es jaloux !

Isabelle regretta tout de suite sa phrase. Comment Jocelyn pouvait-il être jaloux de la beauté de Georges Sandrin alors qu'il était beaucoup plus beau que Georges Sandrin ? Isabelle s'excusa.

Jocelyn était offusqué. Lui jaloux ? Ils se quittèrent assez froidement. « Je crois que maman me demande... »

* * *

— Comment la trouves-tu ? demanda Christine.

— Une petite écervelée ! Gangrène et Georges Sandrin !

Jocelyn mit un point final à la conversation par un geste de la main qui semblait balayer de son esprit Isabelle, Gangrène, Georges Sandrin, et beaucoup d'autres choses encore...

* * *

— Comment le trouves-tu ?
— Il est pas mal, mais il a de drôles de goûts !
— Faudrait te méfier de lui, ma belle, il n'est pas très recommandable...
— Pourquoi me l'avoir présenté alors ?
— Viens, je vais tout t'expliquer...

* * *

« Madame est servie. »

Alors ce fut la ruée. On aurait dit une bande de vautours s'abattant sur un mort tout frais. Des bras tendus, des rires, des poussées, des regards d'envie, des mains qui plongent en riant...

À l'autre bout de la table, il y avait un jeune garçon d'environ seize ans qui mangeait du bout des lèvres un sandwich rose. Jocelyn le remarqua tout de suite. « Comme il a l'air triste ! Je me demande qui c'est. » Le jeune garçon leva les yeux et vit Jocelyn. Les deux garçons se regardèrent pendant quelques instants sans pouvoir détourner leur regard. Jocelyn sourit.

« Qu'est-ce que je vous avais dit ! Voyez comme il regarde le jeune Éric Koestler, on dirait qu'il veut le manger ! »

Éric baissa les yeux le premier. Il posa son sandwich et ne mangea plus.

* * *

— Éric Koestler. Ses parents sont de nouveaux amis de madame Coutu. Tu veux faire sa connaissance ?

— Non, non, je voulais seulement savoir son nom.

Il ne voulait pas qu'on le lui présentât tout de suite. Il avait peur de cette première rencontre. Il sentait le besoin de se faire ami avec ce jeune garçon blond, mais il avait peur que leur première rencontre soit un fiasco comme sa première rencontre avec Isabelle. « Isabelle est une fille, ce n'est pas la même chose, se disait-il pour se rassurer. Je n'ai pas le tour de me faire ami avec les filles. Je suis gauche avec elles et elles en rient. »

Éric était assis à l'autre extrémité du salon et semblait s'ennuyer à mourir. À toutes les trois ou quatre minutes, il se cachait poliment la figure pour bâiller.

Angéline Coutu entra dans le salon, suivie de sa jolie nièce en robe de chiffon qui fit semblant de ne pas apercevoir Jocelyn qui la regardait sévèrement. Elles se dirigèrent toutes deux vers Éric. Angéline présenta Isabelle à Éric. Jocelyn se leva, furieux. Il n'aurait pas pu dire pourquoi, mais une horrible colère montait en lui. Il traversa la pièce presque en courant et vint se planter devant Éric. Angéline n'avait rien d'autre à faire que de présenter Éric à Jocelyn, ce qu'elle fit avec mauvaise grâce d'ailleurs. Jocelyn sourit gauchement et essaya de dire quelque chose de gentil mais les sons refusaient absolument de sortir de sa bouche. Il ne proféra qu'une sorte de grognement rauque qui fit rire Isabelle. Rouge comme une pivoine, il fit un petit salut ridicule à Éric et retourna à sa place.

* * *

« Vous avez vu comment il s'habille ? Je n'ai jamais vu de garçon habillé comme lui ! Il pourrait facilement rivaliser avec n'importe quelle vedette de cinéma. Il ne faut pas qu'un homme soit trop bien habillé. Il faut laisser cela aux femmes. Prenez mon mari, par exemple, ça fait au moins trois ans qu'il ne s'est pas acheté d'habit ! Il n'est pas bien habillé et je ne voudrais pas qu'il le soit. Laissons les beaux vêtements aux efféminés comme ce Jocelyn. Dieu ce que je peux le détester ! Encore hier, je l'ai rencontré rue Sherbrooke. Vous auriez dû le voir ! Il portait un paletot très court, en suède, attaché à la taille par une petite ceinture ; des pantalons très serrés (vous savez, des pantalons pour un cours de ballet) noirs et des bottes russes. J'avais envie de le griffer. J'ai fait semblant de ne pas le voir et ne l'ai pas salué. »

* * *

Ça faisait trois fois que sa mère le pinçait. « Souris, souris ! » Il en avait assez de sourire !

« Nous ne sommes pas obligés de sourire parce que nous sommes dans un réveillon ! D'ailleurs je n'aime pas les réveillons ! Je n'ai pas le goût de sourire et je ne sourirai plus. Elle peut me pincer tant qu'elle le voudra, cela ne servira à rien ! » Madame Koestler tenait absolument à ce que son fils sourie. Un garçon bien élevé doit savoir sourire même quand cela lui déplaît ; un garçon bien élevé ne doit jamais laisser deviner ses sentiments quand ceux-ci ne sont pas convenables, un garçon bien élevé... « Tu as toujours une face de carême ! On va croire que tu es malade ! Je t'avertis, si tu as l'air bête, ce soir, au réveillon, je te punis dès demain matin, Noël ou pas Noël ! » « Pourtant j'ai passé l'âge des punitions. Et si elle me punit, je la détesterai un peu plus, voilà tout ! »

Éric prit un petit sandwich dans le grand plateau d'argent. Quelle idée de faire des sandwiches roses ! Et verts ! Et jaunes ! Éric leva les yeux et aperçut Jocelyn qui le regardait à l'autre bout de la table. Tout de suite, ce jeune garçon triste lui fut sympathique. Et quand l'inconnu lui sourit, il sentit monter en lui une chose toute chaude, toute neuve. Cela tourbillonna dans son ventre et il frissonna. Cela lui monta à la tête comme un vertige de campagne. Et voilà que sa faim, cette faim intolérable qui l'avait torturé toute la soirée, s'envola. Était-ce là l'ami qu'il attendait depuis si longtemps ? Était-ce enfin lui, celui avec qui il pourrait parler librement de ses joies et de ses peines sans avoir peur de subir des reproches ou des moqueries ? Était-ce enfin lui l'ami, le vrai ? Il posa son sandwich en tremblant.

* * *

Tout semblait tourner dans le salon. Les murs, le plancher et les meubles, en double vision, montaient et descendaient tout en tournoyant autour de Jocelyn. Il ferma les yeux et prit sa tête entre ses mains. Une aiguille, longue et pointue, lui entrait dans le crâne à intervalles réguliers. La douleur tout d'abord presque imperceptible, allait en s'accentuant jusqu'à devenir insupportable, puis elle repartait doucement pour revenir de plus belle. Jocelyn avait envie de crier, mais il se retenait pour ne pas attirer l'attention sur lui, pour qu'on ne s'aperçoive pas qu'il souffrait et qu'il avait honte comme il n'avait jamais eu honte dans toute sa vie. Il s'était ridiculisé comme un vulgaire bêta ! Il aurait voulu mourir. Il entendait le rire cristallin d'Isabelle et il aurait voulu sauter sur elle et lui arracher le rire de la gorge comme on arrache une dent pourrie. Puis il se calma tranquillement. La douleur était partie. Jocelyn ouvrit les yeux. Les meubles ne dansaient plus et Éric était assis à côté de lui sur le divan.

* * *

Un tango. Une femme fofolle et un officier de marine se mirent à voltiger à travers le salon. La femme semblait se noyer de bonheur dans les bras du marin. L'homme, lui, avait le regard plongé dans l'échancrure de la robe qui laissait entrevoir les bouées qu'il convoitait. Le couple voguait à grands pas sur le plancher de bois franc. La femme laissa s'échapper un long soupir. « La mer, quelle belle chose n'est-ce pas ? chuchota-t-elle. Vous me rappelez la mer, monsieur, les traversées à bord des grands transatlantiques. J'aime la mer à m'en pâmer ! Et j'ai le pied marin vous savez ! Jamais été malade sur un bateau ! Ce tango est divin ! » Elle appuya sa tête d'oie sur la large poitrine velue (elle doit être velue, tous les marins ont la poitrine velue) de l'homme.

« Je l'ai ! » pensa celui-ci. Et sur un ton doux qui le surprit lui-même, il souffla à l'oreille de sa compagne : « Vous êtes mon idéal de femme, madame. J'aime les femmes petites et grassouillettes comme vous, elles ont du caractère et du charme à revendre. Il est heureux pour moi que je doive partir après-demain, car je crois que si je restais un peu plus longtemps ici, je me ferais prendre par l'amour. Le premier amour de ma vie ! » La femme, à moitié morte, ne répondit pas. Le tango finit. « Quel dommage, murmura le marin, nous étions si bien ! » Il salua gracieusement sa danseuse et lui dit : « J'espère du fond du cœur que vous me réserverez le prochain tango... »

— Tout ce que vous voudrez, monsieur, répondit la femme, tout ce que vous voudrez !

« Vieux séducteur va ! » pensait le marin en s'éloignant de la femme qui s'éventait pour ne pas s'évanouir.

* * *

— Ridicule n'est-ce pas ? dit Éric en montrant la femme et le vieux marin.

— Tout à fait ridicule, réussit à dire Jocelyn, surmontant sa gêne.

— Tu ne te sens pas bien ? demanda Éric. Tu as eu un étourdissement tout à l'heure...

— Ce n'est rien, répondit vivement Jocelyn. De la fatigue probablement.

— Je ne sais pas pourquoi, mais madame Coutu paraissait furieuse quand elle a quitté le salon avec sa nièce...

Jocelyn baissa les yeux. Il ne pouvait tout de même pas avouer qu'il était jaloux ! Jaloux ? Mais de quoi ? De qui ? Il n'avait aucune raison d'être jaloux ! Tout à coup, une idée affreuse frappa l'esprit du jeune garçon. « Non ! C'est impossible ! Ça n'a aucun sens ! Je ne voulais pas qu'Isabelle connaisse Éric, ça je l'avoue, mais serait-ce à cause d'Isabelle... ou d'Éric ? Mon Dieu ! Et si... Non ! Je ne veux pas ! Il faut que ce soit à cause d'Isabelle ! Il faut que ce soit à cause d'Isabelle ! »

Depuis quelques instants Éric observait son compagnon. Le visage lui plaisait mais qu'y avait-il derrière ce visage ? Que se passait-il derrière ce front mouillé de sueur ? Pourquoi Jocelyn ne le regardait-il pas en face ? Éric se leva pour partir mais Jocelyn fit un mouvement pour l'arrêter.

— Tu avais l'air songeur, dit Éric, j'ai cru que tu voulais être seul.

— Non, je préférerais que tu restes. C'est si ennuyeux ici ! Je m'embête en compagnie de ces idiots...

Pendant tout le reste de la soirée, Jocelyn et Éric bavardèrent. Jocelyn sentait naître en lui le désir d'éloigner Éric de sa vie à tout jamais, de lui faire un affront pour qu'il parte, mais n'avait-il pas demandé lui-même à Éric de rester tout à l'heure ? « Après tout, Éric me fera un excellent ami. Et ces idées qui me trottent dans la tête depuis quelque temps sont absurdes. C'est impossible que je sois comme cela ! C'est impossible que je sois rendu si bas ! Tout à l'heure, j'avais peur qu'Éric et Isabelle s'amourachent l'un de l'autre. Je crois qu'Isabelle me plaît beaucoup, malgré ses idées insolites. Voilà la raison de mes agissements. Je ne dois pas chercher plus loin. » Mais Jocelyn n'était pas aussi rassuré qu'il voulait se le faire croire...

* * *

Parfois, une personne dit quelque chose qui ne nous frappe pas sur le coup ; mais quand on y repense plus tard, cette chose, souvent très banale, prend une ampleur exagérée dans notre esprit. Elle se présente tout d'abord sous la forme d'un souvenir quelconque, puis elle attire notre attention.

On la contemple quelques instants sans savoir pourquoi elle attire particulièrement notre attention ; elle se précise, s'amplifie, elle devient même obsédante. Ce bout de phrase dont on n'avait pas saisi le sens s'imprime tellement dans notre mémoire qu'on devient incapable de s'en débarrasser. On se demande ce que la personne en question a bien voulu dire. Après quelques jours la chose devient tellement grosse, qu'elle finit par éclater. Alors la vérité flagrante (parfois pas flagrante du tout mais qu'on croit flagrante) nous apparaît. Alors on s'affole, on s'énerve, on se fâche ; il n'y a plus que ça qui est important pour nous : la chose nous hante et prend pendant quelque temps la plus grande place dans notre vie. Donnant un sens trop important à une chose banale, on crie presque au scandale. On appelle calomnie ce qui n'est la plupart du temps que simple papotage. On pense à tous les gens qui ont entendu cette phrase et on se sent martyrisé. On s'imagine que tout le monde sait telle ou telle chose, puis, tranquillement, on se calme. La chose prend moins d'importance et on finit même par l'oublier. Et, s'il nous arrive d'y penser de nouveau, on se traite d'idiot, de triple buse. On s'imaginait des choses qui n'étaient pas, on croyait que tout le monde savait certaines choses qu'on était seul à connaître... Ainsi est faite la nature humaine qu'on a gratifiée d'un peu trop d'imagination.

Madame Déjazet somnolait. Inconfortablement appuyée contre la porte de l'auto qui fuyait à travers les rues mouillées de la ville endormie, elle repassait toute cette soirée où, en somme, elle s'était royalement embêtée. On n'avait pas eu de plaisir comme l'année dernière ou l'année d'avant, la fois, la fameuse fois que madame Thiboutot avait fait une scène à son mari, parce que celui-ci avait dansé un peu trop souvent avec mademoiselle... « Quel est son nom déjà ? Elle joue à la télévision dans le... Quel est le titre du programme dans lequel elle joue... Décidément j'ai les idées embrouillées ! Il était temps qu'on parte ! »

Jocelyn vit sa mère lever le bras et ouvrir la bouche comme si elle voulait parler, mais elle parut se raviser, car bientôt elle laissa retomber son bras et se referma la bouche. « Tu as eu du plaisir à cette soirée, maman ? » demanda-t-il pour dire quelque chose. Sa mère ne répondit pas tout de suite. Peut-être cherchait-elle à construire une phrase décente, mais Jocelyn doutait qu'elle fût en mesure d'en bâtir une dans l'état où elle était... « Non » répondit-elle simplement au bout d'un moment. « D'habitude tu aimes bien les soirées des Coutu, maman. Tu dis toujours que les Coutu savent tellement bien recevoir leur monde... » Christine ne répondit pas. Jocelyn crut qu'elle était endormie. Mais elle ne dormait pas, Christine. Bien au contraire. Quelque chose, certaine phrase qu'Angéline avait dite sur son fils, venait de lui revenir à la mémoire et l'avait tout à fait réveillée : certaine phrase dont elle cherchait en vain la signification. Quand Angéline avait dit : « Il était peut-être plus attaché à ce Sylvain que tu ne le crois », Christine n'avait pas fait attention, mais maintenant cette phrase trottait singulièrement dans la tête de la mère de Jocelyn. « Sylvain et Jocelyn étaient ou plutôt avaient été deux bons amis, deux excellents camarades et ils s'aimaient bien, mais alors pourquoi cette phrase de madame Coutu ? Pourquoi ce "plus que tu ne le crois ?" Jocelyn n'était certainement pas... » Christine sursauta violemment. Jocelyn crut qu'elle rêvait et la poussa pour l'éveiller. « Était-ce ça qu'Angéline avait voulu insinuer ? Non, c'est peu probable, c'est même impossible, ma meilleure amie... pourtant... » Et alors des bouts de phrases qu'elle avait surpris ici et là depuis un an lui vinrent à la mémoire. Quand Sylvain et son fils sortaient ensemble, le soir, on les regardait étrangement et on chuchotait sur leur passage, Christine l'avait remarqué plusieurs fois l'hiver précédent. Et cet été, à Laval-sur-le-Lac, on ne les invitait jamais aux partys, Christine avait cru que c'était parce qu'on savait que Jocelyn et Sylvain n'aimaient pas danser, et qu'ils aimaient mieux la musique classique que la musique populaire que Sylvain baptisait d'ailleurs de « primitive ». Ce qu'elle avait pu être aveugle ! C'était donc parce qu'on les croyait anormaux qu'on les refusait à plusieurs endroits ? Christine n'y avait jamais pensé. Jocelyn, lui, s'en doutait-il seulement ? Sûrement pas ! Pauvre lui, quelle peine il aurait s'il savait la vérité ! La vérité ! Mais peut-être non, ce serait trop affreux si les gens avaient raison... Jocelyn, son enfant, ne pouvait pas être comme ça !

Pendant quelques jours, madame Déjazet n'eut que cela en tête : son fils était-il ou n'était-il pas un homosexuel ? Oh, ce mot, comme il lui faisait mal au cœur ! Voyons, Jocelyn ne pouvait pas être un de ces monstres, un de ces déchets de la société, c'était inimaginable ! Elle ne dormait plus, ne mangeait plus et même ne parlait plus, ce qui était chez elle un signe de grande préoccupation. Jocelyn n'avait vu sa mère dans cet état qu'une seule fois, quand, quelques années auparavant, Christine avait cru qu'elle était enceinte : pendant quelques jours elle avait pleuré sans cesse et n'avait pas mangé et n'avait pas dormi et n'avait pas parlé, mais tout était redevenu normal quand le médecin était venu lui apprendre qu'elle se trompait, qu'elle n'attendait pas d'enfant. Alors ç'avait été la fête à la maison. Christine s'était remise à parler tout d'un coup et elle avait mangé comme quatre. C'est à ce moment-là que Jocelyn avait commencé à détester sa mère. Il s'était mis dans la tête, avec raison peut-être, qu'il avait été un accident dans la vie de ses parents, qu'on n'avait pas voulu de lui et qu'il était arrivé comme un cheveu sur la soupe. Sa mère était devenue une sorte de monstre à ses yeux, un monstre beau et bien habillé, mais qui se trahissait par sa voix. Mais était-ce seulement une voix ? Quand Christine ouvrait la bouche pour parler, Jocelyn se crispait. Il avait rêvé pendant de longues nuits que sa mère était muette. Elle essayait de parler, mais en vain. Seuls quelques crapauds lui sortaient de la bouche. Et Jocelyn riait, riait... Il s'éveillait tout en sueur, les larmes aux yeux. Et la terrible réalité s'abattait sur lui : sa mère parlait. Si ce n'avait été de cette voix, Jocelyn aurait pardonné beaucoup de choses à sa mère, peut-être même tout. Mais voilà, il y avait cette voix, cette espèce de cri rauque qui semblait sortir directement de l'enfer, cette espèce de croassement qui lui donnait le frisson. Quand sa mère parlait, Jocelyn avait mal au ventre.

Il avait remarqué que sa mère le regardait drôlement depuis le réveillon, mais il n'en faisait pas cas. Elle ne lui parlait pas, c'est tout ce qu'il demandait. Les vacances de Noël s'effritaient tranquillement, grises et ennuyeuses. Toutes les après-midi, Jocelyn lisait en écoutant des disques. Après le souper, il sortait seul. Il marchait pendant des heures dans cette ville qui lui devenait de plus en plus hostile, dans cette affreuse ville aux rues brisées où il se sentait si seul. Si seulement Sylvain avait été là ! Quand il pensait à Sylvain, Jocelyn devenait encore plus maussade. Il revoyait son ami, le soir de son départ, avec sous le bras son imperméable qu'il aimait tant. Il revoyait l'aéroport illuminé, l'aéroport maudit qui avait servi de mort à leur amitié. Il revoyait le visage de Sylvain baigné de larmes et il entendait... Oh ! serait-elle toujours présente dans chacun de ses souvenirs, la voix de sa mère qui disait adieu à l'ami de son fils ? Même ce moment-là, Christine l'avait gâché ! Quand il descendait déjeuner, le matin, Jocelyn trouvait sa mère assise devant une tasse de café froid. Quand il entrait, elle se forçait à boire une gorgée et faisait une petite grimace en avalant. Ils ne disaient rien ni l'un ni l'autre ; Christine regardait au fond de sa tasse et Jocelyn beurrait tranquillement les rôties qu'il ne mangerait d'ailleurs pas. Christine semblait vouloir dire quelque chose à son fils : quelquefois elle ouvrait la bouche ou faisait un léger mouvement comme si elle voulait parler, mais elle se ravisait toujours et restait muette. Jocelyn aurait juré que sa mère avait une chose grave à lui dire ou à discuter avec lui et qu'elle était trop timide pour le faire. « Elle ne veut toujours pas essayer de m'apprendre les mystères de la vie ? se demanda-t-il un jour en souriant. Il est un peu tard. J'ai tellement attendu que j'ai dû aller me renseigner ailleurs ! Si c'est de ça qu'elle veut discuter avec moi, je comprends qu'elle soit gênée ! Ce n'est pas à dix-huit ans qu'un garçon doit apprendre... les choses. Il a commencé à se poser des questions beaucoup plus tôt, c'est ce que les parents ne peuvent ou ne veulent pas comprendre. Au fond, je suis content que maman ne m'ait rien appris ; venues d'elle ces choses auraient été laides alors que venant de... mais qui donc au juste m'a renseigné ? Oh oui ! j'y suis : la mère de Sylvain. J'ai tout appris en même temps que lui. Comme nous étions timides et comme nous avons rougi quand nous sommes allés lui demander de nous expliquer... toutes ces choses merveilleuses... »

— Jocelyn...

Pour la première fois depuis quelques jours, sa mère avait parlé. Jocelyn sursauta et la regarda par-dessus sa tasse fumante.

— Tiens, dit-il d'un air détaché, tu n'as donc pas perdu la parole ? Je croyais...

— J'ai à te parler, Jocelyn. Sérieusement.

« Ça y est, se dit Jocelyn. C'est bien cela ! La chose ! »

— C'est un sujet délicat, continua sa mère. Un sujet qu'il est très difficile d'aborder sans insulter quelqu'un. Mais je t'en supplie, quand tu m'auras entendue, ne te fâche pas, ne te révolte pas. J'ai besoin de savoir, une mère doit tout savoir de son fils, tu comprends.

Jocelyn ne parlait pas. Christine était de plus en plus embarrassée. Elle bégayait lamentablement en se tordant les mains. Jocelyn pensa à ces actrices qui croient que toute femme en peine doit se tordre les mains. Puis il se mit à imaginer sa mère en dame aux camélias. Il ne lui manquait que la toux. Jocelyn se prit à tousser.

— Tu as le rhume ?

— Non.

— Il faut que tu m'écoutes jusqu'au bout, sans m'interrompre et, encore une fois, sans te fâcher. Je sais que tu es un homme maintenant et que tu peux avoir tes idées personnelles sur certaines choses, mais tu es encore très jeune et quelqu'un peut avoir eu sur toi une mauvaise influence...

— Que signifie ? s'exclama Jocelyn.

— Je t'ai dit de ne pas m'interrompre, coupa Christine. Je ne connais pas tous tes amis et, parmi eux, il y en a peut-être qui ne sont pas très recommandables. Alors là, et alors là seulement, je pourrais comprendre un peu tes agissements.

Christine parlait de plus en plus vite et sa voix devenait insupportable à Jocelyn. « Qu'elle se taise, qu'elle se taise sinon je deviendrai fou ! » Jocelyn ne comprenait plus la signification des paroles de sa mère, ce n'était plus, pour lui, qu'un flot de mots, un raz-de-marée de mots, qui s'engouffrait dans son esprit en balayant tout. La voix de Christine était à son paroxysme, Jocelyn se mit à trembler. Sa mère ne le regardait plus depuis longtemps. « Ce qu'elle me dit doit être grave, pensait-il, mais je ne puis pas saisir ses paroles... je ne puis pas ! »

Mais voilà qu'un mot sorti de la bouche de Christine se mit à traverser la pièce en sifflant, bondissant d'un mur à l'autre, glissant sur le tapis et sur les meubles, franchissant les miroirs et se répercutant à l'infini ; un mot qui gifla Jocelyn en plein visage. Homosexuel. Ce même mot s'empara tout entier de lui, le secoua, le paralysa. Jocelyn pensa que sa mère aurait dû mourir pour avoir prononcé ce mot maudit, pour avoir osé prononcer cette parole contre laquelle il se battait depuis des jours et des jours. Les murs de l'appartement glissèrent comme un rideau de théâtre et Jocelyn se vit sur une grande scène, seul et nu, les yeux rivés sur une multitude de personnes qui riaient à gorge déployée de le voir intimidé au milieu de la grande salle. Puis la salle s'arrêta de rire. Quelques hommes se levèrent, le poing levé, en criant : « Homosexuel ! Homosexuel ! » Jocelyn avait beau se boucher les oreilles, il entendait quand même. Il voulait à tout prix quitter cette scène et cette salle, mais ses pieds étaient rivés aux planches et il ne pouvait pas bouger. Tout à coup le rideau se mit à frémir mais sans toutefois se baisser. Et la salle continuait de crier. « Homosexuel ! Homo... » Quand il rouvrit les yeux, Jocelyn ne vit d'abord qu'un morceau de plafond au milieu duquel pendait un lustre vert pâle. Puis la voix de sa mère vint lui écorcher les oreilles : « Jocelyn, qu'est-ce que tu as ? Mon Dieu, il a perdu connaissance ! Henri, Henri, apportez de l'eau froide, monsieur Jocelyn vient de se sentir mal ! » Elle se pencha sur lui et il vit qu'elle pleurait. « Pardon, disait-elle, pardon Jocelyn. Je ne savais pas que je te ferais tant de mal ! Je voulais seulement savoir ! Depuis Noël que je rumine cette horrible chose en silence, alors tu comprends qu'il fallait que je sache ! Il fallait que je sache ! Jocelyn réponds-moi ! J'ai confiance en toi et je suis convaincue que tu n'es pas un homosexuel ! » Jocelyn se leva d'un bond et frappa sa mère en plein visage. « Tu as osé croire ça de moi ! Je te hais, je te hais et te haïrai toujours ! Tu n'es qu'une, qu'une... » Il ne put continuer, le mot se bloqua dans sa gorge et il crut que celle-ci allait exploser. Il ne lâcha qu'un grand cri et sortit précipitamment en renversant Henri et son eau. Il monta dans sa chambre et se jeta sur son lit défait en songeant qu'il allait se tuer.

Tout de suite, tout de suite, il ne faut pas que tu attendes ! Plus tard tu n'auras pas le courage ! Lève-toi et agis ! Une lame de rasoir, il me faut une lame de rasoir, où pourrais-je bien en trouver une ? Il paraît que ça ne fait aucun mal, qu'on ne ressent rien quand on a la main dans l'eau chaude. Courage, Jocelyn, dans quelques minutes tout sera fini, tu ne seras plus malheureux. On te trouvera dans le fond de la baignoire, de la baignoire pleine de ton sang. Ne tremble pas, ce ne sera pas si terrible ! Rien qu'une petite coupure, ça ne fait pas mal ! Et tu auras la main dans l'eau ! Une lame de rasoir, il faut une lame de rasoir... Imbéciles ! Ce sont des imbéciles ! Croire ça de moi ! Mais je suis normal ! Tout à fait normal ! Après tout, peut-être pas ! Non ! Je suis normal. Je leur montrerai de quoi je suis capable ! Quand ils trouveront mon corps il faudra bien qu'ils se rendent à l'évidence ! À l'évidence ? Quelle évidence ? Peut-être que quand ils me trouveront, ils croiront que mon geste est un aveu... Il paraît que les homosexuels en viennent à un moment ou à un autre au suicide... Je ne suis même pas libre de me suicider !

*Montréal, 1959*

Table

*Orphée* .................................................................. 9

*Cendrillon* ............................................................ 19

*Bambi* .................................................................... 45

*Blanche-Neige et les sept nains* ......................... 49

*La fille des marais* ............................................. 67

*La parade des soldats de bois* ........................... 93

*Cœur de maman* ................................................. 111

*Vingt mille lieues sous les mers* ........................ 125

*Mister Joe* ........................................................... 141

Les films d'horreur des années 50 .................... 151

*The King and I* ................................................... 165

*Les visiteurs du soir* ......................................... 179

Les loups se mangent entre eux ........................ 187

# BABEL

*Extrait du catalogue*

290. ÉLISABETH K. PORETSKI
Les Nôtres

291. ÉDOUARD AL-KHARRAT
Alexandrie, terre de safran

292. THOMAS HOBBES
De la nature humaine

293. MIKHAÏL BOULGAKOV
Écrits autobiographiques

294. RUSSELL BANKS
De beaux lendemains

295. RENÉ GOSCINNY
Tous les visiteurs à terre

296. IBRAHIMA LY
Toiles d'araignées

297. FRANÇOIS PARTANT
La Fin du développement

298. HENRI HEINE
Mais qu'est-ce que la musique ?

299. JULES VERNE
Le Château des Carpathes

300. ALPHONSE DAUDET
Les Femmes d'artistes

301. FRÉDÉRIC JACQUES TEMPLE
Les Eaux mortes

302. FRIEDRICH NIETZSCHE
Vérité et mensonge au sens extra-moral

303. INTERNATIONALE DE L'IMAGINAIRE N° 8
Le Corps tabou

304. NANCY HUSTON
Instruments des ténèbres

305. FÉDOR DOSTOÏEVSKI
L'Adolescent (vol. 1)

306. FÉDOR DOSTOÏEVSKI
L'Adolescent (vol. 2)

307. GÉRARD DELTEIL
Schizo

308. DENON / EL-GABARTI
Sur l'expédition de Bonaparte en Égypte

309. JEAN-JACQUES ROUSSEAU / MADAME DE LA TOUR
Correspondance

310. MAN RAY
Autoportrait

311. ROBERT BELLERET
Léo Ferré, une vie d'artiste

312. MAXIME VUILLAUME
Mes cahiers rouges

313. HELLA S. HAASSE
Les Routes de l'imaginaire

314. JEAN-CLAUDE GRUMBERG
Dreyfus… / L'Atelier / Zone libre

315. DENIS DIDEROT
Pensées philosophiques

316. LUIS MARTIN-SANTOS
Les Demeures du silence

317. HUBERT NYSSEN
La Femme du botaniste

318. JEAN-FRANÇOIS VILAR
Bastille tango

319. SÉBASTIEN LAPAQUE
Les Barricades mystérieuses

320. ALAIN GHEERBRANT
La Transversale

321. THIERRY JONQUET
Du passé faisons table rase

322. CLAUDE PUJADE-RENAUD
La Nuit la neige

323. *
Mai 68 à l'usage des moins de vingt ans

324. FITZ-JAMES O'BRIEN
Qu'était-ce ?

325. ÉLISÉE RECLUS
Histoire d'une montagne

326. *
Dame Merveille et autres contes d'Égypte

327. ROMAN DE BAÏBARS / 1
Les Enfances de Baïbars

328. ROMAN DE BAÏBARS / 2
Fleur des Truands

329. ROMAN DE BAÏBARS / 3
Les Bas-Fonds du Caire

330. ROMAN DE BAÏBARS / 4
La Chevauchée des fils d'Ismaïl

331. JACQUES POULIN
Volkswagen Blues

332. MIRABEAU
Lettres écrites du donjon de Vincennes

333. CHEVALIER DE BOUFFLERS
Lettres d'Afrique à Mme de Sabran

334. FRANÇOISE MORVAN
Vie et mœurs des lutins bretons

335. FRÉDÉRIC VITOUX
Il me semble désormais que Roger est en Italie

336. JEAN-PIERRE NAUGRETTE
Le Crime étrange de Mr Hyde

337. NADAR
Quand j'étais photographe

338. NANCY HUSTON
Histoire d'Omaya

339. GÉRARD DE CORTANZE
Giuliana

340. GÉRARD GUÉGAN
Technicolor

341. CHARLES BERTIN
La Petite Dame en son jardin de Bruges

342. INTERNATIONALE DE L'IMAGINAIRE N° 9
Deux millénaires et après

343. NINA BERBEROVA
Le Livre du bonheur

344. PÄLDÈN GYATSO
Le Feu sous la neige

345. FÉDOR DOSTOÏEVSKI
Le Double

346. FRÉDÉRIC H. FAJARDIE
Querelleur

347. ANNE SECRET
La Mort à Lubeck

348. RUSSELL BANKS
Trailerpark

349. ZOÉ VALDÉS
La Sous-Développée

350. TORGNY LINDGREN
La Lumière

351. YÔKO OGAWA
La Piscine / Les Abeilles / La Grossesse

352. FRANZ KAFKA
À la colonie disciplinaire

353. YING CHEN
Les Lettres chinoises

354. ÉLISE TURCOTTE
Le Bruit des choses vivantes

355. ALBERTO MANGUEL
Dernières nouvelles d'une terre abandonnée

356. MIKA ETCHEBÉHÈRE
Ma guerre d'Espagne à moi

357. *
Les Cyniques grecs : Lettres de Diogène et Cratès

358. BERNARD MANDEVILLE
Recherche sur la nature de la société

359. RENCONTRES D'AVERROÈS
La Méditerranée entre la raison et la foi

360. MICHEL VINAVER
King suivi de Les Huissiers

361. ZOÉ VALDÉS
La Douleur du dollar

362. HENRY BAUCHAU
Antigone

363. NANCY HUSTON
Le Tombeau de Romain Gary

364. THÉODORE MONOD
Terre et ciel

365. FÉDOR DOSTOÏEVSKI
Les Carnets de la maison morte

366. FREDERIC PROKOSCH
Le Manège d'ombres

367. MICHÈLE LESBRE
Que la nuit demeure

368. LEIBNIZ
Réfutation inédite de Spinoza

369. MICHEL TREMBLAY
Le Premier Quartier de la lune

370. JACQUES POULIN
Jimmy

371. DON DELILLO
Bruit de fond

372. GUSTAV REGLER
Le Glaive et le Fourreau

373. INTERNATIONALE DE L'IMAGINAIRE N° 10
Nous et les autres

374. NAGUIB MAHFOUZ
Récits de notre quartier

375. FRANCIS ZAMPONI
Mon colonel

376. THIERRY JONQUET
Comedia

377. GUY DARDEL
Un traître chez les totos

378. HANAN EL-CHEIKH
Histoire de Zahra

379. PAUL AUSTER
Le Diable par la queue suivi de Pourquoi écrire ?

380. SIRI HUSTVEDT
L'Envoûtement de Lily Dahl

381. (RÉSERVÉ)

382. CHARLES BERTIN
Les Jardins du désert

383. G.-O. CHÂTEAUREYNAUD
Le Héros blessé au bras

384. HENRY BAUCHAU
Les Vallées du bonheur profond

385. YVES DELANGE
Fabre, l'homme qui aimait les insectes

386. (RÉSERVÉ)

387. INTERNATIONALE DE L'IMAGINAIRE N° 11
Les Musiques du monde en question

388. NANCY HUSTON
Trois fois septembre

389. CLAUDE PUJADE-RENAUD
Un si joli petit livre

390. JEAN-PAUL GOUX
Les Jardins de Morgante

COÉDITION ACTES SUD – LEMÉAC

OUVRAGE RÉALISÉ
PAR LUC JACQUES, TYPOGRAPHE
ACHEVÉ D'IMPRIMER
EN MAI 2004
SUR LES PRESSES DE
L'IMPRIMERIE AGMV-MARQUIS
CAP-SAINT-IGNACE (QUÉBEC)
POUR LE COMPTE DE LEMÉAC ÉDITEUR
MONTRÉAL

N$^{O}$ D'ÉDITEUR 3477
DÉPÔT LÉGAL
1$^{re}$ ÉDITION : 3$^{e}$ TRIMESTRE 1999
(ÉD. 01 / IMP. 03)